Vivir en abundancia

Vivir en abundancia

GIOVANNI MERIZALDE

PUBLICACIONES CASA

A STRANG COMPANY

Vivir en abundancia por Giovanni Merizalde
Publicado por Publicaciones Casa
Una compañía de Strang Communications
600 Rinehart Road
Lake Mary, Florida 32746
www.casacreacion.com

A menos que se indique lo contrario, todos los textos
bíblicos han sido tomados de la versión Reina-Valera, de la
Santa Biblia, revisión 1960. Usado con permiso.

Editado por Gisela Sawin
Diseño interior por: Lillian L. McAnally

Library of Congress Control Number: 2006901365
ISBN: 1-59185-974-3
Impreso en los Estados Unidos de América
06 07 08 09 10 *** 9 8 7 6 5 4 3 2 1

Dedicatoria

Dedico este libro con todo mi amor...

A mi esposa y compañera Mónica, verdadera motivación y apoyo en el camino por esta tierra.

A mis pastores Mario Ferro y Nelly Moreno. Gracias por su amor, paciencia y dedicación hacia los discípulos que Dios les encomendó, de los cuales tengo el honor de ser parte.

A todas las personas que participaron en la revisión de estas páginas y que fueron de gran ayuda para la publicación de este libro. A Abel Samaniego, por su colaboración desinteresada en la corrección del mismo.

A mis padres por haberme guiado en mis primeros años de vida.

A ti Señor Jesús. Por ti respiro y tengo aliento de vida. De otra manera, la vida no tendría sentido. Gracias por haberme cautivado desde mi juventud. Te amo con todo mi corazón.

«Y poderoso es Dios para hacer que abunde en vosotros toda gracia, a fin de que, teniendo siempre en todas las cosas todo lo suficiente, abundéis para toda buena obra; como está escrito: Repartió, dio a los pobres; Su justicia permanece para siempre.

Y el que da semilla al que siembra, y pan al que come, proveerá y multiplicará vuestra sementera, y aumentará los frutos de vuestra justicia, para que estéis enriquecidos en todo para toda liberalidad, la cual produce por medio de nosotros acción de gracias a Dios. Porque la ministración de este servicio no solamente suple lo que a los santos falta, sino que también abunda en muchas acciones de gracias a Dios; pues por la experiencia de esta ministración glorifican a Dios por la obediencia que profesáis al evangelio de Cristo, y por la liberalidad de vuestra contribución para ellos y para todos; asimismo en la oración de ellos por vosotros, a quienes aman a causa de la superabundante gracia de Dios en vosotros. ¡Gracias a Dios por su don inefable!»

— 2 Corintios 9:8-15

Contenido

ॐ

7

Prólogo

El libro que tienes en tus manos es más que un relato que cambiará tu forma de pensar y de vivir. Es un libro que impactará tu perspectiva, tu horizonte y tus conocimientos prácticos. El autor es un hombre de Dios que abre su corazón y comparte sus experiencias en este libro. Llegó a un país extraño hace más de una década, como muchas otras personas que arriban a Estados Unidos, un país verdaderamente bendecido por Dios. Emigrar es arribar a otra tierra con muchas expectativas en la mente y corazón. Las ideas, los planes y sueños por realizar que se transformarán en el motor que lo impulsa a progresar.

Al igual que los demás inmigrantes, el autor de este libro aprendió en el transcurso de su caminar, a veces con tropiezos y dificultades, lecciones que Dios quería enseñarle para poder aplicar principios y fundamentos para una vida próspera, tanto en lo familiar como en lo económico, al salir de situaciones difíciles que pudieron llevarlo a una bancarrota. En este caminar diario, descubrió los principios que llevan a la abundancia, la prosperidad, la paz y la libertad que Dios quiere que disfrutemos.

Con una narrativa sencilla y amena, el autor nos deleita en las enseñanzas que desea compartir con el lector.

No pierdas tu atención. Ingresa a una aventura a través de la cual intentaremos saber qué es lo siguiente por conocer y al mismo tiempo cambiar nuestro antiguo patrón mental para ingresar lo nuevo y fresco que Dios quiere para nosotros.

Los principios presentados en estas páginas no son nuevos ni recién inventados, sino que fueron establecidos por Dios, el Creador del universo, para que podamos disfrutar la vida que nos ha dado. Una vida abundante llena de todo lo que el ser humano necesita para su completa realización. Estos fundamentos serán presentados en el orden que se requieren para edificar un nuevo estilo de vida. Principios que te darán estabilidad económica perdurable, te ayudarán a fomentar una familia donde la paz y el gozo serán manifiestos, y por sobre todo «*la bendición de Dios te alcanzará en todas las áreas de tu vida*».

—DR. ABEL SAMANIEGO

Prefacio

Si has comprado este libro pensando en hacerte rico para satisfacer tus necesidades, has comprado el libro equivocado. Si tu mente sólo piensa en cómo obtener riquezas para tu beneficio, estás leyendo el libro incorrecto. La raíz de todos los males es el amor al dinero. Por lo tanto, si tu objetivo es el dinero por el dinero mismo, te aconsejo que no pierdas tu tiempo leyendo este libro.

Dios bendice integralmente. Su bendición es la que trae alegría a las personas. La fuente de riqueza que Él da hace que tus hijos estén más cerca de ti. La bendición de Dios no destruye familias porque el padre o la madre nunca están. Todo lo contrario. La bendición de Dios hace que en la mesa de sus hijos no sólo haya prosperidad sino armonía.

Si has comprado este libro pensando en hacerte millonario sin ningún esfuerzo, no te lo recomiendo. No existe paga sin esfuerzo. Tienes que hacer tu tarea. Tienes que esforzarte. A través de estas páginas te mostraré la vía por la cual muchas personas hacen dinero con esfuerzo y dedicación inteligente.

El 98% de las personas escogen el camino largo. Un trabajo agotador de todos los días, de mucho esfuerzo y poca rentabilidad. Sólo el 2% de las personas optan por el camino de la libertad que lleva a hacer millones de la forma diligente. La mayoría de estas personas están tan agradecidas a Dios que donan parte de sus ganancias, y de esa forma retribuyen a la vida todo lo que les ha dado. Te invitamos a formar parte de este núcleo de personas, para que seas alguien más que da en lugar de recibir. Alguien que genera ganancias para que muchas vidas tengan mejores oportunidades.

Por medio de este libro, te contaré cómo llegué a la prosperidad en Estados Unidos, siendo un inmigrante. Al mismo tiempo, te enseñaré los principios que descubrí en la Palabra de Dios y que luego apliqué a mi vida y me hicieron una persona próspera.

Estos principios son universales y se aplican al país donde vivo y a cualquier parte del mundo. La Palabra de Dios es universal y se cumple dondequiera que estés, ya seas un inmigrante o hayas nacido en el país donde vivas. Estos principios son como la ley de la gravedad, aunque los desconozcas se van a cumplir en tu vida. Hazlos parte de ti y llegarás a *vivir en abundancia*.

En la primera parte de este libro construiremos los cimientos. Aunque parece muy teórico, todo edificio necesita de planeación antes de iniciar su construcción. Sin ella se desmoronará. Pondremos los cimientos en tu vida para que cambien tus actitudes, tu forma de pensar y los problemas que se presentan a diario. Descubrirás que el Creador desea tener una relación estrecha contigo y quiere entregarte muchas bendiciones. Él es el dueño del Universo y lo creó para que el hombre lo disfrutara, y tú estás incluido en esa lista.

De Dios es la tierra y todo lo que hay en ella. De Él es el mundo y todo lo que en él habita, así que ponlo de socio en tu vida y Él hará que lleguen a raudales las bendiciones de todo tipo.

La segunda parte es la práctica. Una vez que tengas los cimientos te enseñaré los secretos para que puedas construir una estabilidad económica para tu bendición y la de todos los que te rodean. Esa bendición será para que puedas

13

compartir con muchas personas lo que Dios pondrá en tus manos.

Así que prepárate para dar el salto a una estabilidad económica perdurable. Pero recuerda que la prosperidad de Dios sólo viene cuando tu corazón no está enfocado únicamente en las riquezas sino cuando es un instrumento que Dios utilizará para bendición de otros. Descubrirás entonces que podrás ser como el mayordomo de Dios. Él te encarga sus bienes y además te permite disfrutar también de ellos.

Sigue los 24 principios que te enseñaré y pronto verás cómo la bendición de Dios te alcanzará en todas las áreas de tu vida.

—GIOVANNI MERIZALDE

Más que un libro

¡Este libro puede cambiar tu vida! Imagina disfrutar tres meses de vacaciones cada año. Trabajar menos tiempo y ganar más dinero.

Imagina ser un invitado especial en Conferencias y Recepciones a las cuales llevas una significativa cantidad de dinero para donaciones y de esa manera mejorar las condiciones de vida de muchas familias en el mundo.

Imagina que puedes colaborar para mejorar la vida de muchos niños de países subdesarrollados, para quienes la única esperanza es que filántropos como tú le tiendan una mano para poder crecer y cambiar su condición de vida.

Imagina que puedes dar empleo a cientos de personas a través de los cuales intentarán tener esperanza de un futuro mejor.

La posesión en abundancia brinda la posibilidad de poder repartir con quienes nos rodean y que aún nos quede de sobra. Esa es la vida en abundancia.

Si tenemos amor en nuestra vida, debemos repartir amor a los que nos rodean. De esa manera sentiremos tener mayor capacidad de amar. Si nos mostramos amigos de todas las personas que nos rodean sin ver su condición social, tendremos cada vez más amigos y expresaremos mayor capacidad de ser amigables.

Al compartir libremente las riquezas que Dios nos da, mayor bendición del cielo caerá sobre nuestra vida. Si en lo poco somos fieles, en lo mucho nos pondrá. Esto dice la Biblia y por lo tanto tiene que cumplirse, así como debe cumplirse la ley de la gravedad o la ley de la inercia. La Biblia

15

es la ley de Dios y se cumplirá, no importa si la conoces o no. Es una ley. El hecho de que desconozcas la ley de gravedad no impedirá que si te lanzas del quinto piso te expongas a la muerte. Así mismo, muchas personas desconocen la ley de Dios, pero la aplican en sus negocios. Reparten al que necesita y cumplen sus principios al organizar fundaciones de ayuda al necesitado, y a causa de su actitud, Dios los bendice cada vez más dándoles una vida en abundancia.

Tú también puedes lograrlo. ¿No sería maravilloso? ¡Sí, tú mismo! ¿Suena imposible? Pues no es así. Te invito a que analices estos 24 principios básicos conmigo. Lee y vuélvelos a leer cada uno de ellos hasta que quede grabado en tu corazón. Aplica cada uno de ellos hasta que sean parte de tu vida. Al final, habrás encontrado las llaves para tener la estabilidad financiera y obtener tu primer millón de dólares.

Dividí este libro en 24 principios. Cada uno de ellos habla de cómo tener abundancia en todo. Apréndelos y cuando se hayan hecho carne en ti, pasa al siguiente capítulo. Si logras poner en práctica un capítulo por día, entonces estarás a 24 días de vivir en abundancia.

¿Estás listo para comenzar este viaje?

No perdamos más tiempo. Comencemos. Haz un compromiso contigo mismo de vivir en abundancia para tener una libertad financiera y así poder compartir con los demás tus ganancias.

Mi compromiso

Con la ayuda del Creador del universo, me comprometo y tomo la decisión de vivir en abundancia para generar riquezas que me den libertad financiera y que generen abundancia para las personas que me rodean.

_____

TU NOMBRE

_____

TU FIRMA

Firmado el _____ de _____ de _____

PARTE I

PONER LOS CIMIENTOS

PRIMERA LEY

USA LO QUE TIENES

Principio 1

Ten una relación personal con Dios

*Pero sin fe es imposible agradar a Dios; porque es
necesario que el que se acerca a Dios crea que le hay,
y que es galardonador de los que le buscan.*

—HEBREOS 11:6

Cuentan que en la Segunda Guerra Mundial el ejército rojo soviético, estaba rodeado por el ejército alemán en una de las tantas batallas en que se encontraron. El ejército alemán aún estaba en avanzada en el frente soviético, y todavía no había llegado el invierno que detendría el avance de dicho ejército.

Al verse desesperados, los soldados soviéticos clamaron por ayuda al cielo. A estos soldados les habían enseñado desde niños que no existía Dios y que su existencia era sólo muletillas de gente ignorante. Sin embargo, en esta ocasión donde parecía no haber salida clamaron a Dios. Muchas veces, nos acordamos de Él en esas ocasiones desesperantes, aunque en público seamos reticentes en reconocerlo. Podemos llamar a esto una fe temporal o pasajera.

La Biblia nunca trata de demostrar la existencia divina, porque Dios mismo puso el conocimiento de Él en cada ser humano. Quizás toda tu vida has estado ignorando a Dios y tratando de engañarte a ti mismo sobre su existencia. Pero Dios puso en ti un espíritu para que puedas comunicarte con Él.

«*Entonces Jehová Dios formó al hombre del polvo de la tierra, y sopló en su nariz aliento de vida, y fue el hombre un ser viviente*» (Génesis 2:7).

Cuando Dios sopló aliento de vida sobre el hombre, en ese momento pasó a ser un ser viviente. Ese aliento de vida salió del mismo Dios y es el espíritu que mora en ti y el cual tiene la capacidad de comunicarse con su Creador y pedirle en los momentos de mayor angustia que acuda a salvarte.

Por muchas circunstancias en nuestra vida, nuestro espíritu no se ejercita y perdemos la comunicación con el Creador del universo. Esto hizo que hayamos perdido la capacidad de oír a Dios, pero mientras tengamos vida estaremos a tiempo de volvernos a Él. Toma la decisión de comunicarte con Él hoy mismo. No dejes para mañana esta decisión que cambiará tu vida.

«*Escudriñemos nuestros caminos, y busquemos, y volvámonos a Jehová; Levantemos nuestros corazones y manos a Dios en los cielos*» (Lamentaciones 3:40-41).

Si te vuelves a Dios de todo corazón, Él restaurará tu vida y la comunicación contigo. Así comenzarás una vida llena de paz y gozo. A Dios no le importa cuánto hayas pecado o cómo ha sido tu vida, Él te ama tal y como eres. Eres parte de su creación en la cual puso todo su amor. Aún cuando te rebelaste, mandó a su Hijo a morir por ti, a pagar por todas tus culpas en una cruz. Ya no tienes que pagar por tus pecados. Jesús lo hizo por ti y ha preparado un lugar en el cielo para que pases toda la eternidad con Él.

«Porque de tal manera amó Dios al mundo, que ha dado a su Hijo unigénito, para que todo aquel que en él cree, no se pierda, mas tenga vida eterna» (Juan 3:16).

Es el tiempo de aceptarlo en tu corazón, es el tiempo de la visitación de Dios. No has comprado este libro por casualidad. Es un regalo del cielo a través del que Dios te habla y te está llamando para que cumplas el propósito para el cual fuiste creado.

Sólo debes hacer una pequeña oración y reconocer a Jesús como el Salvador del mundo.

«Que si confesares con tu boca que Jesús es el Señor, y creyeres en tu corazón que Dios le levantó de los muertos, serás salvo. Porque con el corazón se cree para justicia, pero con la boca se confiesa para salvación» (Romanos 10:9-10).

Te invito a hacer la oración conmigo. Repite las siguientes palabras:

Mi decisión

Señor Jesús, en este día creo en mi corazón que moriste por mis pecados y que Dios Padre te levantó de los muertos. Te acepto como mi Señor y Salvador. Perdona todos mis pecados, te invito a vivir en mi corazón desde ahora y para siempre.

Dios, te agradezco por enviar a tu Hijo a morir por mí y poderme reconciliar contigo por medio de su muerte en la cruz, en el nombre de tu Hijo amado, Jesucristo.

Si repetiste en voz alta esta oración, ya tienes a Jesús en tu corazón. Desde hoy, debes prepararte para una nueva vida llena de abundancia en cosas buenas. Debes aprender las enseñanzas de Jesús y cómo seguir sus pasos. Al aceptarlo en tu corazón lo haces Señor de tu vida. Eso significa que Él guiará tus pasos y te ayudará en cada decisión. Imagina que el Creador del universo se preocupa por ti y te ayuda en cada paso que das. ¿No es eso realmente maravilloso? Al hacerlo Señor tuyo, Él caminará contigo diariamente. Es la única forma de hacerlo Señor de tu vida. Debes caminar en sus pasos día a día, por eso debes aprender cuáles son.

¿Cómo se aprende de Él? Leyendo la Biblia todos los días y hablando con Él diariamente. A eso se le llama orar.

El primer principio que tienes que aprender es:

Principio #1
Ten una relación personal con Dios

¡Exactamente como lo lees! El primer principio para tu vida es que debes tener una relación personal con el Creador del universo. No es una relación de pequeños momentos ni de visitas periódicas para oír sus consejos. Es una relación de todos los días; al acostarte y al levantarte, en el trabajo y durante el tráfico que te lleva al mismo; en la cocina preparándote el desayuno y en el baño mientras te afeitas, bañas y te preparas para un nuevo día.

«Nunca se apartará de tu boca este libro de la ley, sino que de día y de noche meditarás en él, para que guardes y hagas conforme a todo lo que en él está escrito; porque entonces harás prosperar tu camino, y todo te saldrá bien» (Josué 1:8).

25

Estas palabras fueron dichas por Dios mismo a Josué, uno de los guerreros más exitosos del pueblo judío. Josué conquistó la tierra prometida y llevó a Israel a asentarse y ser una nación. Sin embargo, Dios le dijo que lo primero que debía hacer es leer, leer y leer (en otras palabras «escudriñar») las Sagradas Escrituras. Entonces, luego de hacer esto, podrá decir «prosperará tu camino y todo te saldrá bien».

Dios le recalca a Josué la importancia de leer para adquirir sabiduría para ganar las batallas. Con sabiduría se hace la guerra. Con sabiduría se hacen los negocios. La única forma de relacionarse con Dios es hablando con Él todos los días. Preguntándole a diario y escuchando sus respuestas. Teniéndolo como el mejor asesor en cada decisión de mi vida. ¡Qué mejor que tener de aliado al que conoce mi corazón, al que creó el Universo! Él conoce las reglas del juego y conoce el futuro. ¡Nunca podré perder si lo tengo a Él como aliado! Es imposible.

«Bienaventurado el varón que no anduvo en consejo de malos, ni estuvo en camino de pecadores, ni en silla de escarnecedores se ha sentado; sino que en la ley de Jehová está su delicia, y en su ley medita de día y de noche. Será como árbol plantado junto a corrientes de aguas, que da su fruto en su tiempo, y su hoja no cae; y todo lo que hace, prosperará» (Salmo 1:1-3).

Todo lo que haces prosperará

Lee su Palabra, la Biblia, al iniciar tu día. No hagas otra cosa al levantarte. Hazlo de forma metódica. Comienza por el Nuevo Testamento, en Mateo y continúa sistemáticamente hasta terminarlo. Luego lee el Antiguo Testamento hasta concluir toda la Biblia.

Una vez hayas hecho esto, comienza nuevamente a leerla, y así durante toda tu vida. Cada vez que la leas, encontrarás nuevas enseñanzas. Las palabras saltarán del papel para resaltarte una nueva enseñanza para tu vida. Verás cómo cambia el día al iniciarlo con la lectura de su Palabra. Cuando vayas a acostarte, vuelve a leer. No te duermas sin hacerlo. Esos versículos deberían ser lo último que leas en el día. Al despertar continúa leyendo donde dejaste la noche anterior y Dios volverá a hablarte a través de esa palabra.

Tanto en la mañana como en la noche, después de leer la Biblia, ora al Señor tu Dios. Dile lo que sientes, lo que necesitas en ese día. Encomienda las horas de tu día a Dios y dedica cada momento a Él. Ten un buen tiempo de conversación con tu Dios. Verás cómo se te aclaran las ideas, ya que el Espíritu Santo te guiará en toda decisión.

Una vez que hayas terminado de leer la porción de la Palabra de ese día, vuelve a orar. Dale gracias por el día que termina y por haberte protegido de situaciones que sólo conocerás cuando estés en el cielo. Dale la gloria de todo lo que te ha sucedido, ya que Él te ha provisto de todo lo bueno de ese día, y encomienda tu vida a Él.

Muchas personas que van durante un par de horas a la iglesia creen que hacen mucho por Dios al dedicarle ese tiempo. Tratan de calmar su conciencia visitándolo como se visita un anciano al asilo. Luego se olvidan de Él durante el resto de la semana. Esta relación (si es que podemos llamarla así) no te sirve. ¿Cómo puedes saber los planes de Dios para tu vida si ni siquiera escuchas su voz? ¿Cómo puedes escucharlo si sólo dedicas algunas pocas horas por semana para estar con Él?

Durante un largo tiempo de mi vida me convertí en un religioso. Me engañaba a mí mismo pensando que tenía una relación con Dios cuando ni siquiera lo buscaba todos los días. Él era un bombero que había que llamar cuando el fuego arreciaba mi vida. Pero si todavía las llamas eran controlables, no lo llamaba. ¿Para qué buscar a Dios cuando yo podía controlar la situación? Vivía una vida completamente religiosa hasta que desperté a la relación que tengo hoy con Él.

Gracias a las pruebas y los problemas que me sobrevinieron tengo una maravillosa comunicación diaria con el Creador del universo. Hablo con Él todos los días. Le cuento hasta los pequeños detalles de mi vida. Él sabe lo que me molesta y cada uno de mis problemas, por más pequeños que parezcan. Es una relación de padre a hijo pequeño. Esta unidad hace que me sienta confiado y more bajo su sombra. ¿Quién podría acercarse para hacerme daño si estoy debajo de la sombra del Omnipotente? Todos los días debes tener una relación de amistad con Dios. No te sirve solamente visitarlo los domingos.

Un consejo más que debes tener en cuenta en tu relación diaria: NO MIENTAS. La mentira se ha vuelto parte de la vida cotidiana de la mayoría de las personas. No puedes ser bendecido si no hablas la verdad. Si tu caminar diario no es el correcto, lleno de verdad, Dios no puede hablarte.

«Por lo cual, desechando la mentira, hablad verdad cada uno con su prójimo; porque somos miembros los unos de los otros» (Efesios 4:25).

Ahora que eres hijo de Dios no puedes hablar mentira. Tu sí debe ser sí y tu no debe ser no. No debes mentir bajo ninguna circunstancia. Si hablas verdad, generarás confianza en tu entorno. La gente comenzará a creerte a pesar de cualquier circunstancia. Serás una persona «digna de confianza». Una persona que sólo su palabra basta para hacer un negocio. Que los contratos sólo serán firmados para recordar los términos de la relación comercial, pero no para forzar a nadie a cumplir su palabra. Las personas te buscarán para hacer negocios. Sabrán que la relación de negocios contigo

28

es completamente sana y harán fila para tener un vínculo comercial contigo. Hablar la verdad a pesar de cualquier circunstancia hará que generes una confianza que no existe en el mundo de los negocios actualmente, de modo que te buscarán porque sabrán que estarán pisando en terreno firme.

Comienza a hablar la verdad en todos tus hechos e iniciarás el camino hacia la libertad. Cada mañana al levantarte habla con Él, dedícale ese día y vive como su hijo.

Principio 2

Niégate a ti mismo

*Y decía a todos: Si alguno quiere venir en pos de mí,
niéguese a sí mismo, tome su cruz cada día, y sígame.
Porque todo el que quiera salvar su vida, la perderá;
y todo el que pierda su vida por causa de mí, éste la sal-
vará. Pues ¿qué aprovecha al hombre, si gana todo
el mundo, y se destruye o se pierde a sí mismo?*

—LUCAS 9:23-25

Llegué a Miami en el 1994. Había sido transferido a los Estados Unidos por la compañía para la cual traba-jaba en mi país. Desde que supe que residiría en la nación más poderosa del mundo mi corazón se llenó de ilusión. Conocería las ciudades que aparecen en las películas y vería la tierra la cual pareciera que fluye leche y miel. ¡Dios me había concedido la oportunidad de ir con documentos y con trabajo! ¿Qué más podía pedirle? Era el país de las opor-tunidades y mi futuro estaría asegurado.

Pero… ¡cuán diferente es la realidad cuando uno llega a este país! Inmediatamente que te bajas del avión y vas por las autopistas comienzas a sorprenderte. Tantos vehículos por calles completamente mantenidas sin pozos. Parecería que todo el mundo se ha comprado el vehículo la semana pasada, todos parecen tan nuevos que daría la impresión que no hay que hacer ningún esfuerzo para adquirirlos.

En las semanas siguientes, me tocaba arreglar la documentación, buscar un sitio donde vivir y conseguir un carro, pero si eres casado necesitas dos vehículos, uno para tu cónyuge y otro para ti. Así comienzas a despertar. Los alquileres de las casas son tan altos que mejor sería comprarla. Pero cómo la comprarás si no tienes crédito. Darte cuenta de esto es como cuando suena el despertador en la mañana y todo era un sueño.

Descubres que no puedes comprar el carro que quieres, porque tampoco tienes crédito, y con el costo del seguro se te haría imposible. Así que luego de hacer las cuentas y sumando el sueldo de ambos esposos, terminas por rentar un modesto apartamento y debes conseguir dos vehículos que más o menos puedan llevarte de un lugar a otro.

Como en Estados Unidos todos tienen automóvil, vas a un sitio que anuncian en la televisión y que dicen que están para ayudarte, y crees dentro de ti que seguramente se compadecerán y terminarán ayudándote. Al llegar, te recibe una persona que nunca habías visto en tu vida, pero su sonrisa es amplia e inmediatamente llega a ser tu mejor amigo. El abrazo que te da hace que entres en confianza e inmediatamente le cuentes tus necesidades y cuánto dinero has traído para resolverla.

Ese señor tan amable decide qué automóvil necesitas y cuánto debes pagar mensualmente. Como no tienes un historial de crédito te consigue un banco que está dispuesto a correr el riesgo contigo, sólo porque esta persona que recién te conoce te ha recomendado. Claro que todo ese esfuerzo tiene un interés increíblemente alto y el vehículo que te consiguió parece que viniera de la Segunda Guerra Mundial. Pero tú quedas eternamente agradecido a esta persona por lo bien que te ha tratado, y al despedirte eres tú quien da un tremendo abrazo de agradecimiento.

Finalmente, regresas a tu casa con un carro que a los pocos meses tendrás que regalarlo y con una deuda que te hará las cosas más difíciles. Un amigo me dijo que pareciera que hay personas en el aeropuerto esperándote con un bate para que inmediatamente que te bajes del avión recibirte con el primer golpe.

Pocos días después, le reclamarás que el precio que te ha dado es exagerado, pero esta persona que parecía ser el mejor amigo de tu vida ha cambiado de actitud. Ahora es extremadamente grotesca y sin cultura. Además te dice que nadie te forzó a firmar y que debiste haber leído todo lo que estaba escrito en el contrato. Fue tu decisión y no la de él. Lo único que puede hacer por ti es, esperar unos meses y conseguirte otro carro mejor a un interés un poco más bajo para él realizar su segunda venta contigo. Si aceptas esta recomendación, entonces verás que a esta persona le vuelve la gran sonrisa que te había impactado. De lo contrario, verás de nuevo en él a la persona más malhumorada que existe. Bienvenido a los Estados Unidos de Norteamérica.

Tu corazón en el lugar correcto

Los que hemos conocido al verdadero Jesús de la Biblia podemos parecer seguramente unos locos. ¡Cómo es posible que hablemos de abundancia en nuestra vida si la segunda cosa que necesito aprender es negarme a mí mismo! Aunque esto parezca que no tiene sentido, ¡lo tiene! Jesús dijo que si querías ser un seguidor de Él, tenías entonces que comenzar negándote a ti mismo.

En cierta ocasión, se acercó un joven rico a Jesús. Podríamos catalogar a este joven como una buena persona. Era fiel cumplidor de la ley mosaica. Creo que los cristianos de nuestro tiempo lo hubieran tildado de un ejemplo entre nosotros. Cumplía a cabalidad con la ley que le habían enseñado sus padres desde niño. Era intachable en su sociedad y era respetado entre todos. Tenía prácticamente todo: riquezas, respeto y reputación intachable. Sin embargo le faltaba algo. Por dentro sentía un vacío. A pesar de que lo tenía todo, había un vacío en su interior. Las riquezas y todas sus posesiones no habían llenado ese vacío que todo ser humano tiene y que sólo lo puede llenar Jesús. El Señor lo confrontó con la realidad, el problema era que su corazón estaba sobre sus riquezas. Le mandó vender todo y regalarlo. Sólo después de esto podría ser su verdadero discípulo.

Si tu corazón no está puesto en Jesús, entonces no te servirán las posesiones. Si tu corazón está puesto en Él, las riquezas y la abundancia no serán más que un instrumento que Dios usará para bendecirte y bendecir a otros. ¿Estarías dispuesto a entregarlo todo por Jesús? ¿Serías capaz de dejarlo todo por Él?

Lamentablemente, este principio no es enseñado hoy. Con tristeza observamos a grandes «televangelistas» enseñando que si aceptas a Cristo, Él te llenará de riquezas y todos tus problemas se solucionarán. Enseñan un evangelio liviano donde lo único que debes hacer es una confesión de fe y tendrás un camino lleno de abundancia. Esto está totalmente distorsionado de lo que Jesús enseñó.

Antes de continuar quisiera aclarar este punto. Es verdad que para que seas salvo, basta con confesar a Jesús y aceptarlo como tu Salvador. La Biblia dice en Romanos 10:8-9 que cerca de ti y de tu boca está la salvación. Dios dice en su Palabra que si lo confiesas delante de los hombres como tu Salvador y crees verdaderamente en tu corazón, serás salvo. Pero eso significa también un cambio drástico en tu vida. Si lo tienes a Él por Señor, se notará.

Jesús también dijo que por los frutos conocerías al árbol. Si tus frutos son de bien, entonces eres un árbol de bien. Si tus acciones no corresponden a tus palabras, entonces no has conocido a Jesús.

El problema del joven rico era que su corazón estaba puesto en sus posesiones. Pablo le escribió a Timoteo en su primera carta, capítulo 6, versículo 10, que "la raíz de todos los males es el amor al dinero, el cuál codiciándolo algunos, se extraviaron de la fe y fueron traspasados de muchos dolores".

Analicemos lo que Pablo dice. Si tienes a Jesús en tu corazón, tu prioridad es Él. Si lo has aceptado porque te encuentras en una situación crítica, estás en el camino equivocado. Estás construyendo tu cimiento sobre cualquier arena y no sobre la Roca Eterna que es Cristo Jesús. Cuando vengan los vientos y problemas de este mundo, tu casa se caerá.

Si lo aceptaste para tener prosperidad, serás traspasado con muchos dolores. No lo digo yo, sino la Biblia. Si tu corazón está apegado a las riquezas, es mejor que no tengas ninguna. Más vale que tu alma se salve y no que ganes todo el mundo. ¿De qué te aprovecharía ganar todo el mundo y que se perdiera tu alma? Por lo tanto, pon tu cimiento sobre Él. De esta forma, cuando vengan los vientos y las tempestades, tu casa no se caerá. Cuando arrecien contra ti los problemas, estarás confiado, porque sabes que Él estará contigo y que tu confianza permanece en Él. Dirás como Pablo, que sabes contentarte en toda situación, en abundancia y en escasez, y que no importan las circunstancias sino la paz que Él le da a tu corazón. Importa sentirte pleno interiormente, ya que todo lo demás es pasajero.

Por esta razón, tienes que negarte a ti mismo. Todo lo que tú eres, es secundario. Jesús habita en tu vida y es Él quien debe salir. En cada situación que debas tomar decisiones te harás la siguiente pregunta: «¿Qué haría Jesús en mi lugar?». Actuarás como Él actuaría, y el Espíritu Santo que mora en ti te guiará a toda verdad.

34

Por esto el segundo principio que debes aprender es:

**Principio #2
Niégate a ti mismo**

Cuando hayas aprendido a negarte a ti mismo, cuando en tu andar diario veas a Jesús actuando en tu vida, entonces estarás preparado para recibir bendiciones de parte de Dios.

«La bendición de Jehová es la que enriquece, y no añade tristeza con ella» (Proverbios 10:22).

La bendición que recibirás de parte de Dios te enriquecerá. Una bendición que enriquece no traerá dolores de cabeza. La bendición de Dios suma en todos los sentidos. No es una bendición que por un lado te dé, pero por otro te añada tristeza, problemas en tu matrimonio, problemas con tus hijos, y así sucesivamente. Es una bendición integral, donde podrás decir como escribió el salmista: «En paz me acostaré, y asimismo dormiré; porque sólo tú, Jehová, me haces vivir confiado» (Salmo 4:8).

Si algún predicador o alguna persona te dice que ser cristiano es vivir una vida llena de rosas, no le prestes atención. Tal vez está buscando que seas uno más de los que sostienen sus grandes gastos, prometiendo cosas que no son bíblicas sino herejías. Jesús dijo que aquellos que lo siguen tienen que tomar su cruz cada día y caminar. Además, les habló a sus discípulos sobre el camino del evangelio como una senda estrecha, y que su puerta es angosta y pocos son los que la hallan. No es un camino de rosas. Es un camino estrecho. Pero es un camino que te da paz interior, que cuando vienen las pruebas, sabes que el mismo Dios que creó el universo, está a tu lado, y que por dura que sea la adversidad Él te ayudará y saldrás victorioso. Ese es el camino del cristiano.

Todo lo demás que te quieran inculcar, es basura y no es bíblico.

Este principio es uno de los más básicos. Si todavía no entiendes que tu prioridad es Dios, no puedes continuar leyendo este libro. Tienes que estar seguro y convencido de que Él es el primero en tu vida. Antes que tu familia, que tus hijos, que cualquier otra cosa en este mundo. Jesús dijo que el primer mandamiento es: «Amarás al Señor tu Dios con todo tu corazón y con toda tu alma y con toda tu mente». Y el segundo es similar: «Amarás a tu prójimo como a ti mismo».

Una vez que estas dos prioridades estén en el orden correcto, puedes seguir aprendiendo los demás principios. Pídele a Dios en oración que te perdone y prométele que de ahora en adelante los seguirás fielmente. Sólo cuando tengas estos dos mandamientos en ese orden y prioridad, Dios podrá bendecirte.

Jesús dijo también en su palabra:

«¿Qué hombre hay de vosotros, que si su hijo le pide pan, le dará una piedra? ¿O si le pide un pescado, le dará una serpiente? Pues si vosotros, siendo malos, sabéis dar buenas dádivas a vuestros hijos, ¿cuánto más vuestro Padre que está en los cielos dará buenas cosas a los que le pidan?» (Mateo 7:9-11).

Dios te dará sólo buenas dádivas, pero si tu corazón está afianzado en hacerse rico, si tu alma sólo tiene amor al dinero, Dios no te lo dará. Así como un padre no daría una serpiente a su hijo cuando le pide un pescado, porque le haría daño y sería de ruina para él, así también Dios no puede darte algo que sea perjudicial para tu vida. Si tu amor al dinero te causará muchos dolores, Dios no te lo puede dar. Cuando estés preparado, si tienes a Dios por prioridad, entonces puede darte riquezas que no te causen daño, que no hagan que tus hijos no quieran estar contigo, que tu matrimonio sea de bendición. Entonces estarás preparado para el siguiente principio.

Lee lo que Dios dice en su palabra:

«No te afanes por hacerte rico; Sé prudente, y desiste. ¿Has de poner tus ojos en las riquezas, siendo ningunas? Porque se harán alas como alas de águila, y volarán al cielo» (Proverbios 23:4-5).

No te afanes por las riquezas. Pon tus ojos en Jesús, el autor y el consumador de nuestra fe; pon tu confianza en Él. Hago tanto énfasis en este principio porque si has creído en Jesús sólo para tener una vida en abundancia, sé prudente y desiste. Nuestro amor por Jesús es incondicional. Lo amaríamos aunque no nos hubiera prometido el cielo, y temeríamos deshonrarlo aunque no existiera infierno.

Principio 3

Dios te quiere bendecir

*Amado, yo deseo que tú seas prosperado en todas las
cosas, y que tengas salud, así como prospera tu alma*

—3 JUAN 1:2

«Ah! ¡Pero él era un avaro en la piedra de afiliar, Scrooge! ¡Exprimiendo, arrancando, agarrando, peleando, pecador codicioso y viejo! Duro y agudo como pedernal, del cual acero alguno había sacado fuego generoso; secreto, e independiente, y solitario como una ostra. El frío dentro de él congeló sus características viejas, mordió su nariz puntiaguda, arrugó sus mejillas, endureció su andar; puso sus ojos rojos, sus finos labios azules y habló astutamente con su voz rechinada. Una escarcha helada estaba en su cabeza, y en sus cejas, y en su delgado mentón. Cargaba su propia temperatura baja siempre cerca de él; heló su oficina en el "día de perro"; y nunca descongeló ni un grado en la Navidad.

«El calor y el frío externos tuvieron poca influencia en Scrooge. Ningún calor puede entibiarlo, ni frío invernal helarlo. Ningún viento que sopló fue más cruel que él, ninguna nieve que cayó fue de mayor efecto que sus propósitos. La lluvia pesada, y la nieve, y el granizo, y la lluvia nieve, pudieron presumir de ventaja sobre él en sólo un detalle.

38

Que ellos frecuentemente descendían elegantemente, y Scrooge nunca lo hizo. «Nadie jamás lo paró en la calle para decirle, con una mirada alegre, "Mi estimado Scrooge, ¿cómo está usted? ¿Cuándo vendrá usted a verme?" Ningún mendigo suplicó que él concediera una insignificancia, ningún niño le preguntó la hora, ningún hombre ni mujer nunca jamás en toda su vida preguntaron la forma de llegar de tal a tal lugar, de Scrooge. Aún los perros de los ciegos parecieron conocerlo; y cuando lo vieron venir, jalaban a sus dueños en los corredores y pasillos; y entonces movían los rabos como si dijeran: "¡Ninguna mirada es mejor que una mirada diabólica, amo ciego!". ¿Pero qué fue lo que Scrooge cuidó? Fue muy poca cosa lo que le gustó».

Tal vez sepas a quién se refiere este relato. Es parte de la famosa obra de Charles Dickens, *Un cuento de Navidad.* Si no la has leído, deberías hacerlo. Sería parte de tu proceso de aprendizaje. Léela y saca conclusiones en cuanto a la prosperidad.

Si aún no lo has hecho, pensarás que está hablando de un ser miserable, y en realidad lo era. Solamente que este ser miserable tenía dinero. Pero como puedes ver en la descripción no era próspero. La prosperidad es integral. Dios quiere bendecirte en todas las áreas de tu vida. ¿De qué vale que tengas fama? ¿De qué cuenta el dinero cuando tu familia se está destruyendo y todo el tesoro que juntaste no sirve para que puedas tener a tus hijos a tu lado?

Piensa en aquellos grandes hombres de los cuales podría decirse que lo conquistaron todo. Músicos famosos que alcanzaron toda la gloria de este mundo. Gente que atesoró todo el dinero imaginado, que tenían toda la admiración de la gente, pero que murieron en hoteles en una soledad absoluta, por sobredosis de drogas.

Piensa en políticos famosos que alcanzaron a gobernar naciones, pero que al final de sus días su mismo pueblo los llegó a odiar y muchas veces a asesinar. Alcanzar la fama y las riquezas sin haber tenido prosperidad en el alma no sirve. Por eso Dios quiere bendecirte, pero en el sentido correcto. Él te quiere bendecir en todas las áreas de tu vida. Así que el tercer principio es entender que:

> **Principio #3**
> **Dios te quiere bendecir**

Este es el tercer principio que debes hacerlo tuyo. Dios está de tu lado y te quiere bendecir. Su Palabra dice que Él está deseando bendecirte en todo, así como prospera tu alma (ver 3 Juan 1:2). Ese es el secreto del asunto. Él quiere bendecirte en la misma medida que prospera tu alma.

¿Pero cómo puede prosperar mi alma? ¿Cómo aplico este secreto, para que mi alma prospere y Dios pueda bendecirme en las cosas visibles?

En el primer capítulo te enseñamos que a partir de hoy debes leer la Biblia y orar todos los días. De día y de noche. De esta forma comenzarás a reconocer la voz de Dios y los principios que rigen su Reino. Aprenderás a vivir de acuerdo a las enseñanzas de Jesús. Te guiarás de acuerdo a sus preceptos. Serás sabio cuando hables y entonces te irá bien.

«Bienaventurado el varón que no anduvo en consejo de malos, Ni estuvo en camino de pecadores, Ni en silla de escarnecedores se ha sentado; Sino que en la ley de Jehová está su delicia, Y en su ley medita de día y de noche. Será como árbol plantado junto a corrientes de aguas, Que da su fruto en su tiempo, Y su hoja no cae; Y todo lo que hace, prosperará» (Salmo 1:1-3).

Dios tiene abundantes bendiciones para ti. Su Palabra dice que darás tu fruto en tu tiempo y todo lo que hagas prosperará (ver Salmo 1:3). Pero antes de esta promesa está la clara indicación que no andes en consejo de malos, que tu camino es por la senda del bien y que debes meditar en su Palabra de día y de noche. Entonces vendrá la prosperidad a tu vida. Solo entonces llegarán las riquezas que generan gozo y alegría.

La Palabra de Dios dice que la bendición de Jehová es la que enriquece, y no añade tristeza con ella (Proverbios 10:22). Es la bendición de Dios la que trae regocijo a tu alma. Que luego de haber cerrado un negocio, puedes descansar y agradecer a Dios que hiciste lo justo y que Él bendijo tu camino. Es esta bendición la que hace que comas un pan, aunque sea seco pero en paz y con alegría y que no estés en una casa llena de rencillas y amarguras.

Atesora en tu corazón y en tu mente esta palabra: «DIOS ESTÁ ANSIOSO, PERO VERDADERAMENTE ANSIOSO DE BENDECIRME».

«Pídeme, y te daré por herencia las naciones y como posesión tuya los confines de la tierra» (Salmo 2:8).

La bendición de Dios para tu vida no tiene límites. Pídele las naciones y te serán entregadas. Yo tengo un sueño: Ser usado para predicar las buenas nuevas de salvación por todo el mundo. Todas las naciones. No me conformo con menos. Dios usará lo que Él me dio para su gloria. Le pido las naciones para su gloria. Pido al Dios que hizo el universo, que me conceda las naciones. Que su Hijo sea conocido en todos los confines de la tierra. Que toda la preparación que Dios me ha dado y que me sigue dando sea para este propósito. Que mi vida en esta tierra haya sido para este propósito.

Que mi prosperidad sea usada para este fin.

Soy una nueva criatura y Él quiere bendecirme. Soy su hijo consentido y quiere darme lo mejor. Él está preocupado más que yo por mis seres queridos y quiere que yo disfrute cada día que Él me regala. Se alegra cuando yo me alegro y provee del pan necesario para cada día. Dios quiere llenarme de bendiciones para que pueda tener libertad en dar y abunde en toda gracia para testimonio a los demás de su grandeza.

Principio 4

No resuelvas un problema con la actitud equivocada

Aquí está un muchacho, que tiene cinco panes de cebada
y dos pececillos; mas ¿qué es esto para tantos?

—JUAN 6:9

Una vez que ya tienes los carros que te vendieron (no exactamente los que necesitas), te llegarán miles de nuevos amigos. Algunos de ellos tratarán de venderte el invento más grande que se haya hecho, puede ser una aspiradora a la que sólo le falta hablar y cuesta diez veces más que una aspiradora normal. Pero con la demostración que hicieron en tu casa y los pasajes y estadía gratis por un fin de semana en un parque temático de Orlando, vale la pena comprarla. Además no tienes que pagarla al contado. Recuerda que para eso se inventó el crédito. Como ya tu historial de crédito dice que has comprado dos carros (el tuyo y el de tu esposa), pueden entregártela con un interés de sólo el 18%. Te suena razonable, además quieres ayudar a este nuevo amigo que tienes. Y no te olvides del fin de semana «gratis» en Orlando.

Así como esta, vas adquiriendo muchas deudas más. El

43

club que por la módica cuota de $3,000.00 te da acceso a comprar directamente de los fabricantes, las dos semanas de veraneo en un hotel cinco estrellas, el club de viajes que por su inscripción te da precios preferenciales y un sinnúmero de ideas adicionales que hicieron ricos a unos pocos. Claro que con cada una de estas deudas que vas adquiriendo tienes la oportunidad de hacer dinero. Por cada persona que inscribas a las tremendas ofertas, te retornarán grandes cantidades de dinero.

A los pocos años te encuentras con deudas insostenibles, comienzas a arrepentirte y a buscar la salida. Pero aparecen nuevamente más amigos que han creado compañías que se dedican exclusivamente a ayudar a personas como tú. Por una módica cantidad mensual, te enseñarán cómo salir del enredo en que te metiste.

Quisiera aclarar que gracias a Dios existen personas muy buenas y son la mayoría. Pero después de unos años de haberte metido en tantos problemas económicos, desconfías hasta de tu sombra. Cada vez que se acerca alguien con una sonrisa, ya no le crees. Si a la salida de un supermercado alguien quiere realmente conocerte y ser tu amigo, piensas en realidad que algo quiere sacarte.

Recuerdo que cuando finalizábamos el servicio en nuestra iglesia íbamos a conocer personas en la salida de centros comerciales y supermercados para hablarles de Jesús, pero por todos estos problemas mencionados, nadie quería ni siquiera que le habláramos. Lamentablemente, las personas están heridas y ya no creen que alguien pueda acercarse sin ningún interés. Esto hace que la sociedad de Estados Unidos, con 300 millones de habitantes, sea tan solitaria y que la soledad se haya vuelto un problema serio en este país.

El pasaje mencionado al comienzo de este principio es uno de los dos milagros de Jesús que se encuentran en todos los Evangelios. Había estado enseñando a toda la multitud por un largo rato, y dice la Biblia que sintió compasión por ellos. Jesús le preguntó a Felipe, uno de sus discípulos: «¿De dónde alimentaremos a todos éstos?» (ver Juan 6:4-6). Dicha pregunta la hizo solamente para probarlo, porque Él ya sabía el milagro que haría. La respuesta de Felipe fue que con doscientos denarios de pan no alcanzarían para que cada uno de ellos tomase un poco. Notemos aquí lo siguiente:

Jesús plantea un problema

El problema era la alimentación de 5,000 hombres sin contar las mujeres y los niños. Podemos especular con la cifra total. Si consideráramos a una familia normal como promedio de cuatro personas nos daría una suma total de 20,000 personas. ¡Eso es todo un pueblo!

Pero la Biblia dice que se lo preguntó para probarlo. La vida siempre nos plantea problemas. Cada día vivimos situaciones que nos plantean una dificultad. Muchos de ellos surgen como si necesitáramos alimentar en un sólo día a 20,000 personas. A todos nos aparecen dichos problemas. De una manera u otra las dificultades son parecidas. Póngase a pensar sólo en los problemas que ha tenido este mes. Tome papel y lápiz, y haga una lista de todos los inconvenientes que le han parecido como si tuviera que alimentar a 20,000 personas en ese mismo día.

Jesús tenía que resolver la alimentación de 20,000 personas en ese momento. No tenía otra solución mejor para evadir el problema, porque al enviarlos a su casa desfallecerían en el camino. Tenía que alimentarlos en ese instante. Al final de este capítulo encontrará la hoja en la cual puede anotar cada uno de sus problemas parecidos al que se plantea en este momento.

Felipe da la respuesta equivocada

Al mirar el problema Felipe se descorazonó. Tuvo la actitud incorrecta. Observó el problema y se quedó solamente pensando en él, y le responde a nuestro Señor que doscientos denarios no bastarían para alimentar a todos ellos. Un denario era el salario diario de un jornalero. Piense lo siguiente: Hacemos un evento en el cual invitamos a almorzar gratis a todos los que vengan y lo publicamos en un periódico. Es un evento en el cual mostraremos las bondades de un producto nuevo que hemos lanzado al mercado. Ofrecemos un almuerzo gratis y según nuestros cálculos esperamos a 200 personas. Dicho almuerzo lo haremos al aire libre en un parque público de la ciudad y allí mostraremos nuestro producto.

Para nuestra gran sorpresa y la de nuestro encargado de marketing, el día del almuerzo llegan 20,000 personas. Hacemos los cálculos a $5.00 por persona y nos encontramos que necesitamos $100,000.00 para alimentar a todas las personas que llegaron.

Ese es más o menos el problema en el cual se encontraba Felipe ante la pregunta de nuestro Señor. El cálculo era el correcto, pero el planteamiento de Felipe era erróneo.

Así que el cuarto principio es:

> **Principio #4**
> **No resuelvas un problema con**
> **la actitud equivocada**

Felipe había caminado con Jesús y vio los milagros que había hecho.

46

«El siguiente día quiso Jesús ir a Galilea, y halló a Felipe, y le dijo: Sígueme. Y Felipe era de Betsaida, la ciudad de Andrés y Pedro. Felipe halló a Natanael, y le dijo: Hemos hallado a aquél de quien escribió Moisés en la ley, así como los profetas: a Jesús, el hijo de José, de Nazaret» (Juan 1:43-45).

Como todo judío de los tiempos de Jesús, Felipe esperaba al Mesías. Ellos esperaban a un Salvador que sería Rey de Israel y que los rescataría de sus enemigos. Él había creído en Jesús inmediatamente. Tanto así que fue a buscar y a persuadir a un amigo suyo, llamado Natanael, para que se hiciera discípulo de Jesús. Cuando halló a Natanael le dijo: *«Hemos hallado a aquél de quien escribió Moisés en la ley»* (Juan 1:45).

Obviamente, es muy fácil juzgar ahora a Felipe, pero sin duda en su lugar la mayoría de las personas, por no decir todas, hubieran fijado sus ojos en el problema y hubieran tenido la misma actitud equivocada. Es muy fácil pensar ahora que la respuesta de Felipe debió haber sido: «Señor, te he visto hacer tantos milagros que no me extrañaría que estamos en este aprieto para que te glorifiques».

Pero, esa es la forma en que debemos ver nuestros problemas. Hemos visto a Jesús actuar tantas veces en nuestra vida, que cada vez que tenemos un nuevo reto deberíamos tener la actitud de un niño esperando ver a su papá resolviendo todas las situaciones. Enfrentemos los retos con la actitud correcta: *«Mayor es el que está en vosotros, que el que está en el mundo»* (1 Juan 4:4).

Él resolverá cualquier situación por difícil que sea. Él hará milagros una y otra vez en mi vida. Veré crecer hermosas flores donde hay un desierto. Veré la mano de Dios, poderosa y levantada para protegerme. Miraré siempre con gran expectativa cómo Él peleará por mí y cómo resolverá cada una de las situaciones. Veré cómo todo el fruto viene a su tiempo y todo lo que emprenda prosperará.

Principio 5

Tienes todo lo que necesitas para que Dios lo use

De acuerdo al principio anterior, frente a un importante problema, Jesús le preguntó a Felipe cuál será la forma de resolver esta situación. Dicha pregunta la hizo solamente para probarlo, porque Él ya sabía la solución. Ante esa dificultad, la respuesta de Felipe no fue muy positiva. Él no podía ver que estaba a su lado aquel que lo podía todo.

Cuando logras entender que Dios intervendrá en tu problema, todo cambia. Continuemos repasando lo que ocurrió con la alimentación de estas 20,000 personas.

Una vez que Felipe dimensionó el tamaño de la solución, Jesús le preguntó qué era exactamente lo que tenía. Esa es la intervención divina que viene a nosotros cada vez que tenemos un problema que parece mayor que nuestras posibilidades.

«No os ha sobrevenido ninguna tentación que no sea humana; pero fiel es Dios, que no os dejará ser tentados más de lo que podéis resistir, sino que dará también juntamente con la tentación la salida, para que podáis soportar» (1 Corintios 10:13).

Dios tiene cuidado de sus hijos. Él siempre está a nuestro lado. Nunca nos abandona, mandará ángeles alrededor nuestro para protegernos. Algunas veces, dichos ángeles aparecerán como niños con cinco panes y dos peces, pero eso es todo lo que necesitas. Si Él te manda esa cantidad es porque eso es lo que te basta y sobra. No necesitas nada más. Con eso, Él obrará y te mostrará qué es exactamente lo que te ha dado para que lo uses. Él te ha dado la experiencia con la que cuentas ahora. Las situaciones difíciles que has vivido han sido enseñanzas que ahora te sirven para poder resolver problemas más fuertes. Usa lo que tienes. Tus experiencias, tu mente, tus conocimientos adquiridos. Eso es lo que Jesús va a multiplicar. Eso es todo lo que necesitas para que Él haga el milagro. Dedícale todo lo que tienes con acción de gracias y Dios hará el milagro.

Esto nos lleva al quinto principio:

> **Principio #5**
> **Tienes todo lo que necesitas para que Dios lo use**

Te invito a escribir en la hoja de ejercicio que hay a continuación un inventario de las cosas que tienes para resolver tu problema y qué es lo que Dios te ha dado para resolverlo. Por ejemplo, si tu problema es que necesitas invertir en una casa y no sabes cómo, escribe el nombre de un amigo que sabe de bienes raíces. Si el problema es que no tienes cómo reparar tu carro, escribe el nombre de otro amigo que tiene un buen taller mecánico, y así sucesivamente. Encontrarás que lo que tienes es todo lo que necesitas para ese problema. Teléfonos, contactos, gente que conoce del asunto y que está dispuesta a ayudarte. Recuerda que Dios está ahí, que es fiel, y que junto con el problema te dará la salida. Luego de hacer tu inventario debes entrar en acción.

Según el relato bíblico en el Evangelio de Juan, capítulo 6, versos 1 al 14, una vez que estaba el inventario de los alimentos, Jesús recostó a la multitud en el campo y dio gracias, porque ya sabía que el milagro estaba hecho. Entró en acción.

La fe en su Palabra mueve la mano de Dios. Dijo que no nos desampararía, y lo hará. No importa el problema, Él siempre tendrá la solución. Siempre tendrá la respuesta correcta. Ejercita tu fe. Sólo arrojándose al agua se aprende a nadar. Sólo ejercitando tu fe aprendes a confiar en Dios.

Escribe en el ejercicio a continuación cada uno de los problemas que has identificado este mes y el tamaño de la solución que necesitas.

MI ALIMENTACIÓN DE 20,000

Descripción del problema

_____

_____

_____

Solución del problema

_____

_____

_____

Recursos con los que cuento

_____

_____

_____

_____

Cursos de acción

_____

_____

_____

_____

_____

_____

Principio 6

Deja que Cristo cambie tu vida

Y vino el ángel de Jehová, y se sentó debajo de la encina que está en Ofra, la cual era de Joás abiezerita; y su hijo Gedeón estaba sacudiendo el trigo en el lagar, para esconderlo de los madianitas. Y el ángel de Jehová se le apareció, y le dijo: Jehová está contigo, varón esforzado y valiente.

—JUECES 6:11-12

Luego de la conquista de la tierra prometida por parte de Israel y de la muerte de Josué, el pueblo vivió guiado por personas a las que describe el libro de Jueces. Eran momentos en los cuales aparecía un hombre de Dios y hablaba al pueblo de Israel acerca de su infidelidad hacia el Dios que los sacó de esclavitud de la tierra de Egipto.

Madián, uno de los pueblos vecinos a Israel, asoló a los israelitas durante siete años. En esas circunstancias, el ángel de Jehová se apareció a Gedeón quien tenía el trabajo de esconder el trigo para que los madianitas no se los quiten.

Las palabras del ángel fueron: «Jehová está contigo, varón esforzado y valiente». Imagine el cuadro en el que el varón esforzado y valiente estaba tratando de esconder el trigo. ¿Qué valentía tenía esto? Obviamente ninguna, pero el ángel había comenzado a enseñarle a Gedeón a cambiar su actitud ante las circunstancias.

Si terminas de leer la historia en este capítulo de Jueces encontrarás a Gedeón obteniendo la victoria con solamente 300 hombres ante un poderoso ejército. Si el ángel no se le hubiera aparecido a Gedeón, seguramente hubiera continuado sus días tratando de esconder el fruto de su trabajo y huyendo de los madianitas.

En nuestra vida, siempre se nos aparecen ángeles enviados de Dios. Llámelos mentores, circunstancias en la vida, y demás, éstos hacen que cambiemos nuestra actitud. Seguramente hemos escuchado el caso de madres en angustia al ver a su hijo debajo de pesadas cargas, y que en ese instante no pensaron en la dificultad, sino que ante el peligro levantaron esas pesadas cargas para salvar a su criatura. Esos son mentores o ángeles que hacen que nuestra vida sea transformada. Debemos cambiar la actitud delante de las circunstancias.

En los capítulos anteriores explicamos que no podemos pensar en lo grande del problema, como lo hizo Felipe, sino en el gran Dios que lo resolverá. No existe un problema más grande que el Dios que es poderoso gigante. Se levanta como varón de guerra para pelear por nosotros.

En cada dificultad que se nos presente debemos pensar que Dios acudirá a nuestro lado y que Él hará milagros asombrosos.

Pero para que se manifieste dicho poder nuestro interior debe estar en sintonía con Él. Si de nosotros brotan sólo cosas malas, entonces Él no actuará. Dejará que aprendamos a depender de Él primero. Primero debe cambiar nuestro interior y luego Dios obrará.

«Porque de dentro, del corazón de los hombres, salen los malos pensamientos, los adulterios, las fornicaciones, los homicidios, los hurtos, las avaricias, las maldades, el engaño, la lascivia, la envidia, la maledicencia, la soberbia, la insensatez. Todas estas maldades de dentro salen, y contaminan al hombre» (Marco 7:21-23).

La Palabra dice que todas las maldades salen de nuestro interior y nos contaminan. En Salmos 32 también nos dice que es bienaventurado el varón al cual Dios no inculpa de pecado. Debemos limpiarnos de toda esta maldad, limpiándonos con su palabra en la lectura diaria. El Salmo 119 dice: «¿Con qué limpiará el joven su camino? Con guardar su palabra». En el mismo salmo encontramos la frase que dice: «En mi corazón he guardado tus dichos para no pecar contra ti». Si Dios te da la capacidad de generar recursos para luego bendecirte con muchos dones, debes aprender este principio:

**Principio #6
Deja que Cristo cambie tu vida**

Pero, ¿qué significa esto? Pues exactamente lo que expresa. Leyendo la Biblia encontrarás que es necesario que sigas los conceptos y preceptos que ella enumera, y la enseñanza de Jesús para que tengas una vida integral próspera.

Olvídate de los paradigmas de la religión. Hay muchos conceptos que heredamos del pasado y ni siquiera los cuestionamos. Gedeón había heredado el concepto de esconder el trigo, pero nunca se había preguntado el porqué no podía defenderse del pueblo agresor.

Así mismo, tenemos conceptos heredados que no nos permiten salir adelante. En nuestras tradiciones se encuentran muchos paradigmas que ni siquiera los hemos cuestionado. Aún en la iglesia donde nos congregamos oímos decir cosas y argumentos que nos crean otro tipo de paradigmas, los que tampoco cuestionamos. Por ejemplo, uno de los más comunes es oír decir a personas con poco conocimiento de la Biblia que Dios dijo: «Ayúdate que yo te ayudaré». Este concepto no está en la Biblia, pero sí está este otro principio: «Los pensamientos del diligente ciertamente tienden a la abundancia». Aparentemente es el mismo concepto, pero si nos detenemos a observar es totalmente distinto. En el primer concepto está implícito que puedes usar cualquier recurso para salir adelante, pero si no actúas en integridad, Dios no estará de tu lado. Este es un ejemplo de paradigmas de la gente que se contrapone con los principios expresados en la Biblia.

Hay otros paradigmas más difíciles de descifrar, pero mencionaré por último uno que es muy común. Por ejemplo, si la empleada de un comercio se equivoca y en el cambio te da más de lo justo, puedes quedarte callado e irte. Pero eso estará hablando de tu falta de integridad. Si eres fiel en lo poco, Dios te pondrá en lo mucho. Si en las pequeñas cosas demuestras que eres digno de confianza, Dios te dará mayores cosas. Si estafas al anciano, a la viuda o al pobre, Dios no lo dejará pasar por alto.

Deja que Cristo y sus enseñanzas cambien tu razonamiento. Conócelo con la lectura de su Palabra y déjate llevar por sus preceptos, quitando de tu mente preceptos y conceptos que hasta hoy los tenías como verdades que nunca cuestionaste. Sólo entonces habrás dado un paso importante en llegar a la prosperidad integral.

Aprende que en tu mente siempre se generan batallas. Es como si en verdad tuviéramos un angelito y un diablito a cada lado de nuestra cabeza que nos dan ideas correctas y erradas. Hay pensamientos que siempre nos dicen que no lo lograremos, que somos unos fracasados. Pero, por otro lado escuchamos los pensamientos que nos dicen que «todo lo podemos en Cristo que nos fortalece» (ver Filipenses 4:13), que «si Dios es por nosotros, ¿quién contra nosotros?» (Romanos 8:31). Nuestra mente es un campo de batalla día a día. Por lo cual debemos ejercitarnos para vencer los pensamientos que nos intentan derrumbar.

«No os conforméis a este mundo, sino transformaos por medio de la renovación de vuestro entendimiento, para que comprobéis cuál es la buena voluntad de Dios, agradable y perfecta» (Romanos 12:2).

¿Cómo ejercitar tu mente? Lee la Palabra de Dios todos los días. Para poder apagar los malos pensamientos que llegan como dardos, necesitas tener una defensa sólida. Por cada dardo debes mencionar las promesas que Dios te ha dado. Pero, ¿cómo puedes declararlas si no has leído su Palabra? Por esto, siempre insisto que leas la Biblia de día y de noche. Que medites en ella todos los días. Que grabes en tu mente todas las promesas de la Palabra de Dios, para que cuando los pensamientos de derrota vengan, te acuerdes de promesas como: «Con Cristo somos más que vencedores» (ver Romanos 8:37). Así como Jesús venció a Satanás mencionando la Palabra de Dios en cada argumento que le mencionaba, tú también puedas vencerlo en tu mente. La Palabra de Dios te dará la actitud correcta para cuando los pensamientos de derrota te acechen.

«Porque no tenemos lucha contra sangre y carne, sino contra principados, contra potestades, contra los gobernadores de las tinieblas de este mundo, contra huestes espirituales de maldad en las regiones celestes. Por tanto, tomad toda la armadura de Dios, para que podáis resistir en el día malo y, habiendo acabado todo, estar firmes. Estad, pues, firmes, ceñida vuestra cintura con la verdad, vestidos con la coraza de justicia y calzados los pies con el celo por anunciar el evangelio de la paz. Sobre todo, tomad el escudo de la fe, con que podáis apagar todos los dardos de fuego del maligno. Tomad el yelmo de la salvación, y la espada del Espíritu, que es la palabra de Dios» (Efesios 6:12-17).

Nuestra lucha comienza en nuestra propia mente. Es allí donde debemos vencer. Si quieres vivir una vida en abundancia, debes cambiar de actitud. Piensa como un hijo amado de Dios el cual recibirá bendiciones todos los días. Ponte su armadura para poder vencer, porque tu lucha no es contra personas sino contra principados, potestades, huestes de maldad en las regiones celestes. Ellos presentan batallas diarias en tu mente para derrotarte.

Si las promesas de Dios están en tu vida, podrás vencer. Cuando venga la hora de la prueba tendrás armas con qué luchar. Cambia tu actitud en cada batalla. Cuando estés frente al problema acuérdate que a los que aman a Dios todas las cosas ayudan para bien. Que Dios peleará por ti y que Él te librará de la hora de la angustia.

Principio 7

Tu fe moverá montañas

Jesús les dijo: Por vuestra poca fe; porque de cierto os digo,
que si tuviereis fe como un grano de mostaza,
diréis a este monte: Pásate de aquí allá,
y se pasará; y nada os será imposible .
—MATEO 17:20

Cuando las deudas que has contraído te acorralan comienzas a pensar en la bancarrota, y crees que de esa forma podrás comenzar de nuevo. Aparecen nuevos amigos que tienen agencias especializadas en este tipo de problema y por módicas sumas te pueden ayudar a resolverlo.

«No te preocupes. Esas personas han abusado de ti demasiado, así que declárate en bancarrota y no les pagues. De todas formas, ellos tienen seguros para este tipo de casos. Además, ya habían comenzado a subirte los intereses hasta las nubes y con los cargos que te han agregado por falta de pago, la deuda se ha incrementado al doble», te dicen esos nuevos amigos.

En esta situación me encontré hace unos pocos años. Parecía que la bancarrota era la única solución. Gracias a Dios ya era cristiano y estaba aprendiendo verdaderamente de Dios.

Lo primero que hice fue buscar su rostro. Cuando uno está en problemas es cuando acude a Dios, y lo hice de todo corazón. Mi primera actitud fue arrepentirme, el único culpable era yo, y no el sistema que se creó para ayuda de las personas. Pero el abuso del mismo lleva a situaciones como las que he planteado. Me arrepentí de todos los errores que había cometido y me di cuenta que yo era el culpable. No podía culpar a nadie más que a mí mismo. Si hubiera buscado el consejo de Dios y seguido sus principios no hubiera llegado a la situación que ahora les relato.

Aunque mi situación era muy difícil, no dejé de pagar ninguna de mis obligaciones, y aunque estaba considerando la bancarrota como puerta de escape, dentro de mí sabía que no era la salida correcta. ¿Cómo podría en el futuro contarle a una persona la forma en que había salido de este problema? Comencé a buscar a Dios de todo corazón y a no apoyarme en mi prudencia. Comencé a reconocerlo en todos mis caminos y Él enderezó mis veredas.

Uno de los primeros pasos fue hacer un presupuesto. Al hacerlo noté que había gastos que eran innecesarios. Si no había dinero para cenar en restaurantes, pues cenaríamos en casa. Había otros gastos que parecían necesarios mantener, pero en una guerra hay que tomar determinaciones. Si no puedo pagar el servicio de televisión por cable, pues tengo que cancelarlo.

Me deshice de algunas cosas que había atesorado y reorganicé mi vida. Para ese tiempo ya tenía una casa, la que obviamente estaba cargada por una segunda hipoteca.

De acuerdo a lo que me habían enseñado, con esta segunda hipoteca consolidaría mis cuentas y dejaría un bajo pago mensual. El problema era que al poco tiempo estaba otra vez con varias deudas y con la segunda hipoteca.

Había incrementado mis pagos mensuales y la condición posterior era peor que la primera. Una casa limpia de donde salió un espíritu maligno, si no se llena de la Palabra de Dios llega a ser peor que la primera, porque dicho espíritu regresará con siete peores que él.

En mi continua búsqueda de Dios, Él me habló claramente indicándome que vendiera la casa. Esta fue una situación muy difícil, pero como ya había aprendido a escuchar su voz, decidí venderla y con ella pagar la mayoría de mis deudas. Luego de la venta me quedé con muy poco dinero, pero ya tenía una situación un poco más controlada. Gracias a que decidí escucharlo, pude comenzar a tener una vida diferente.

Una última enseñanza que quiero compartir en este capítulo sucedió en la sala de mi casa. En esos días, no tenía empleo fijo y mis dos hijos estaban de vacaciones. Recuerdo que era muy de mañana, ambos se habían levantado y se sentaron a la mesa pidiéndome el desayuno. En este momento pude escuchar una de las enseñanzas más grandes de mi vida. Dios me dijo: «Observa a tus dos hijos, cómo se sentaron y sin titubear han pedido que les des de comer. No te han preguntado si tienes dinero o si trabajaste ayer. Ni siquiera han pensado si hay comida en tu casa. Solamente ellos sienten hambre y piden que le des de comer porque eres su papá. Esa es la fe que quiero que tengas en mí. Yo soy tu Padre celestial y he prometido tener cuidado de ti. Yo soy tu Proveedor, y no el cerebro o las ideas que te doy. Confía en mí como tus hijos confían en ti. Ellos tienen más fe que la que tú tienes en mí».

Al instante brotaron lágrimas de mis ojos. Le pedí a Dios que me perdonara y confesé que tendría dicha fe en Él. Claro que luego aprendí que la fe es como un músculo; hay que ejercitarla para que se haga vigorosa. Si no se ejercita, no crece. La forma de ejercitarla es en el tiempo de las pruebas. Cuando arrecia la tormenta y uno decide creer que mayor es el que está en nosotros, es cuando la fe se ejercita. Cuando entendamos que la victoria no vendrá por nuestro conocimiento o experiencia, sino porque Dios está con nosotros, entonces creceremos en fe.

Seguramente, hoy verás televisión, y como la mayoría de las personas tendrás la opción de ver canales de otro país. Podrás ver noticias de cualquier parte del mundo al instante, y con el control remoto de tu televisor podrás optar por canales de televisión de cualquier parte de tu país o de algún otro. Todo gracias a la televisión por cable o a la televisión por satélite. Increíble ¿verdad? Si tan sólo nos lo hubieran contado hace 20 años, no lo hubiéramos creído.

¿Dónde comenzó todo este avance? En la mente de un hombre llamado René Anselmo. Nacido en Boston y ex combatiente de la Segunda Guerra Mundial, tuvo una visión y fe en ella. Cuando fundó la compañía Panamsat en 1982, tenía una gran fe. Quería que la televisión llegara a cualquier parte del mundo a través de su compañía. Pero tenía varios inconvenientes. Eran unas montañas enormes que parecían infranqueables. Entre ellas estaba el Congreso de los Estados Unidos, que por varias leyes establecidas internacionalmente y ratificadas en más de 100 países, solamente INTELSAT, era la única autorizada para transmitir estas señales. Con su fe inquebrantable y con toda su audacia, Anselmo hizo que dichas leyes cambiaran, y luego de una batalla legal de varios años pudo lanzar su primer satélite, el PAS-1 en el año 1988.

Al siguiente año, la CNN estaba contratando sus servicios para la transmisión de señales de televisión desde Latinoamérica. Venció a los grandes colosos que se le oponían. Panamsat fue recientemente vendida a DirecTV por la cantidad de 3.1 billones de dólares.

61

Cómo actuar en fe

¿Qué hace que hombres como éstos lleven a cabo proyectos tan grandes? ¿Cuál es la fórmula para que historias como éstas se realicen y nos dejen maravillados? El secreto es la FE. Jesús lo dijo hace dos mil años: «Si sólo tuvieres fe...» (ver Lucas 17:6). Sólo necesitas fe. Ese es el inicio. Esa es la parte más dura de cada proyecto. Creer que es posible. Sólo creer. La diferencia entre un triunfador y otra persona que verá pasar la vida sin ningún propósito, es su FE. Escuchamos dichos como: «El árbol no nos deja ver el bosque. Es cierto, porque las circunstancias de la vida no nos dejan ver el todo de cada cosa. Por esa razón necesitamos fe. Necesitamos creer y para esto es necesario reevaluar cada una de nuestras acciones; mirar lo que Dios nos ha dado, tener fe y comenzar a actuar.

Examinemos el siguiente versículo de la Biblia:

«*Vosotros también, poniendo toda diligencia por esto mismo, añadid a vuestra fe virtud; a la virtud, conocimiento; al conocimiento, dominio propio; al dominio propio, paciencia; a la paciencia, piedad; a la piedad, afecto fraternal; y al afecto fraternal, amor*» (2 Pedro 1:5-7).

Si quiere aprender a actuar en fe primeramente debe usar toda la *diligencia* posible. La fe no es algo pasivo que se queda en el pensamiento. Si fuera así, nunca el Señor Jesús hubiera dicho que con ella moveríamos montañas. Fe es acción. Es llevar con diligencia las cosas.

A esta fe le añadimos *virtud*. ¿Qué significa virtud? Es la capacidad de producir un efecto determinado. Poder, fuerza, eficacia, potencia.

Este concepto es sumamente interesante, ya que como virtud definimos cosas espirituales solamente. Pero Dios nos dice que a nuestra fe le añadamos la capacidad de producir un efecto determinado. Nótese que el verbo está en imperativo. Es decir es una orden. Es un mandato de parte del Creador del universo que nos insta a que le demos a nuestra fe la capacidad de producir el efecto deseado. No podemos quedarnos solamente en el pensamiento de las cosas. No podemos pedirle a Dios una casa, un carro, o cualquier otra cosa, sin poner en marcha la rueda de ejecución de las cosas. Debemos actuar. Si Dios nos da una idea, le imprimimos fe, y comenzamos a actuar y pedirle a Dios que nos alumbre. El tercer paso es añadir *conocimiento*. Hace miles de años, Dios ya nos dio la receta para vivir en abundancia. No solamente nos dijo que si teníamos fe moveríamos montañas, sino también nos daba paso a paso la ejecución. ¿Cómo añadimos *conocimiento*? Pues actuando. Si tenemos fe en alguna idea debemos comenzar a investigar. Con el advenimiento del Internet, ahora es más fácil que antes. Podemos buscar cualquier cosa en ella. Si tenemos una dieta que revolucionará el mundo, pues podemos buscar en la Internet qué porcentaje de personas está preocupada por este asunto. Podemos indagar cuántos billones se gastará la gente en este año para ponerse a dieta, cuánto están cobrando nuestros competidores por el mismo producto, y así sucesivamente. De esta forma podemos establecer las estrategias a seguir para concretar con éxito nuestra idea.

A este conocimiento adquirido le añadimos luego *dominio propio*. Esta es otra de las claves del éxito. Mantén siempre el control, no te desesperes. No puedes acelerarte en tu idea ni retrasarte, porque habrá miles que ya están llevando a cabo la misma idea. Tienes que actuar en el momento correcto con las decisiones correctas. Este es el dominio propio que necesitas. No puedes actuar por impulsos sino actuar con templanza. Aquí es donde tú puedes tener toda la fe, haber investigado y tener tus ideas claras, pero si no actúas a tiempo y con la templanza que necesitas, no lo lograrás.

En los momentos de las grandes tormentas es que se prueba la resistencia del barco que navega. Si no puedes mantener el control de la situación y te desesperas, haz un alto. Busca más a Dios en oración. No decidas hasta que Él te haya hablado fuertemente y sientas paz para actuar. No te precipites. Dios te dará entendimiento. Busca consejo de gente espiritual, que pueda darte más luz sobre el tema. Elige personas que tengan buen testimonio, que gobiernen bien su casa y que tengan sus hijos en sujeción. Si tienes amigos con estas características, pídeles que te ayuden a tomar una decisión. Busca varios, porque en la multitud de consejeros está la victoria. No te desanimes ante la tempestad. Tan sólo mantente en control de la situación.

Luego de añadir dominio propio debes tener *paciencia*. Esperar a que todo lo que has actuado dé fruto a su tiempo. No puedes cosechar antes de que el fruto esté listo. Si lo haces, malograrás el resultado. Debes esperar con paciencia que se produzcan los resultados. Confía que Dios es el que da el crecimiento, y que Él desea que tú seas prosperado en todo, así como prospera tu alma.

Debes añadir después: «Piedad, luego afecto fraternal y luego amor». El éxito es solamente un paso más en la bendición que Dios te da. Si el dueño del universo te da conocimiento, prosperidad, y mucho más, es para que lo administres, no es para que te aproveches de otros. Debes actuar en piedad y en amor. Administrando con sumo cuidado para que puedas dar con liberalidad y que de esa forma tu éxito sea continuo.

De manera que el principio número 7 es:

**Principio #7
Tu fe moverá montañas**

Resumo estos pasos:

1. Actúa con diligencia.

2. Añade a tu fe capacidad de producir el efecto deseado.

3. Añade conocimiento. Investiga sobre el tema.

4. Añade al conocimiento dominio propio, templanza.

5. Añade luego paciencia. No te apresures.

6. Añade piedad para con los necesitados.

7. Añade luego afecto fraternal y amor.

Si sigues estos siete pasos pronto verás los resultados de cómo tu siembra produce mucho fruto.

SEGUNDA LEY

APRENDE PRIMERO A DAR

Principio 8

Siembra solamente porque amas

No hablo como quien manda, sino para poner a prueba, por medio de la diligencia de otros, también la since-ridad del amor vuestro. Porque ya conocéis la gracia de nuestro Señor Jesucristo, que por amor a vosotros se hizo pobre, siendo rico, para que vosotros con su pobreza fue-seis enriquecidos. Y en esto doy mi consejo; porque esto os conviene a vosotros, que comenzasteis antes, no sólo a hacerlo, sino también a quererlo, desde el año pasado. Ahora, pues, llevad también a cabo el hacerlo, para que como estuvisteis prontos a querer, así también lo estéis en cumplir conforme a lo que tengáis. porque si primero hay la voluntad dispuesta, será acepta según lo que uno tiene, no según lo que no tiene. Porque no digo esto para que haya para otros holgura, y para vosotros estrechez, sino para que en este tiempo, con igualdad, la abundancia vuestra supla la escasez de ellos, para que también la abundancia de ellos supla la necesidad vuestra, para que haya igualdad, como está escrito: El que recogió mucho, no tuvo más, y el que poco, no tuvo menos.

—2 CORINTIOS 9:7-15

¡Espera un momento! ¡Vuelve a leer el texto con detenimiento para no perderte los detalles preciosos que tiene este pasaje de la Escritura! Es como cuando admiras una pintura. Si no te detienes a observar el detalle de las miradas de las personas que están en esa obra de arte, en la sonrisa de los mismos y en cada detalle observable, te habrás perdido lo mejor de lo que quiso expresar el creador de dicha obra. Así que no te pierdas los detalles de esta obra maestra del Creador del universo. Él es el autor de la perfección, así que antes de darle una nueva leída al texto, pide al Espíritu Santo que te ilumine.

El apóstol Pablo escribió este pasaje de la Biblia guiado por el Espíritu Santo. La ciudad de Corinto tenía una situación geográfica privilegiada al tener salida al mar Adriático y al mar Egeo, por lo tanto se volvió una ciudad muy próspera en esa época. Allí Pablo establece una iglesia, que al parecer estaba compuesta por una mayoría absoluta de gentiles. A pesar de la condición económica excelente que se vivía en la ciudad de Corinto, el apóstol Pablo no se fiaba de la dadivosidad de los creyentes que habitaban en la misma. Por esto, entre otras cosas, les amonesta a ser dadivosos.

En el pasaje anterior, el apóstol Pablo comentaba la liberalidad para dar de parte de los macedonios. Macedonia era una región pobre del imperio romano, sin embargo, habían dado ejemplo en cuanto a dar para los demás hermanos en la fe. Es como si el hermano pobre de tu iglesia, el que se sienta justo delante de ti todos los domingos, está desempleado y con su mujer en el noveno mes de embarazo de su cuarto hijo. Al enterarte de la necesidad urgente de otra persona decides ayudar y compartir lo poco que te queda.

Con ejemplos como esos se puede probar la sinceridad del amor de cada uno. Lo que primero se trata de establecer es si en realidad estás tratando de negociar con Dios o es por amor a tu prójimo que quieres sembrar. Si piensas en dar para obtener algo a cambio (aunque esa es una ley establecida por Dios), estás actuando equivocadamente. La verdadera motivación de dar es un amor sincero. Invertir para luego recibir es una actitud incorrecta. Si esa es tu motivación estás perdiendo el tiempo. Es conocida la gran capacidad de negociación que tiene el pueblo, y no debes olvidarte que Jesús nació de ese pueblo, por lo tanto, no trates de negociar con Dios. Cuántas veces oímos decir: «Si Dios me da esto, entonces y sólo entonces, le daré tal cosa». Y luego que Dios les concede su petición terminan enemistándose con Él. ¡Así de insensatos somos los seres humanos! Lo primero que debes hacer es tener una actitud de dar sin esperar nada a cambio. Debes sembrar por amor. Esa debe ser tu motivación. Si no lo es deposita mejor ese dinero en una cuenta de ahorros en el banco.

«No os engañéis; Dios no puede ser burlado, pues todo lo que el hombre siembre, eso también segará, porque el que siembra para su carne, de la carne segará corrupción; pero el que siembra para el Espíritu, del Espíritu segará vida eterna» (Gálatas 6:7-8).

Por lo tanto el Principio número 8 es:

**Principio #8
Siembra solamente porque amas**

Si pretendes engañar a Dios, te estás engañando ti mismo. Si estás sembrando para sacar beneficio, lo que vas a cosechar es corrupción. Si siembras para el Espíritu, sin esperar nada a cambio, cosecharás vida eterna. Tu forma de sembrar debe ser «sin esperar nada a cambio».

Principio 9

Cumple con diligencia lo que prometes

Cuando a Dios hagas promesa, no tardes en cumplirla,
porque él no se complace en los insensatos.
Cumple lo que prometes. Mejor es no prometer
que prometer y no cumplir.
—ECLESIASTÉS 5:4-5

Luego que has entendido el principio de sembrar por amor debes tener también en claro que si has decidido sembrar y estuviste solícito en querer hacerlo, no debes echarte atrás. Por eso, es mejor que no prometas, a que prometas y no cumplas.

«Pero cierto hombre llamado Ananías, con Safira su mujer, vendió una heredad, y sustrajo del precio, sabiéndolo también su mujer; y trayendo sólo una parte, la puso a los pies de los apóstoles».

Ananías y Safira eran una pareja de cristianos del primer siglo. Al ver la dadivosidad de todos los demás hermanos, ellos quisieron hacer lo mismo. En su corazón decidieron dar.

Pero cuando vieron el dinero hecho efectivo se dejaron

tentar por Satanás, y como no quisieron quedar mal delante de la congregación, decidieron engañarlos y dar solamente una parte. Este pasaje de la Biblia lo puedes leer en Hechos 5.

Si lees con detenimiento este pasaje, descubrirás que el pecado de ellos no fue dar sólo una parte, porque el apóstol Pedro les dijo: «Reteniéndola, ¿no se te quedaba a ti? y vendida, ¿no estaba en tu poder? ¿Por qué pusiste esto en tu corazón? No has mentido a los hombres, sino a Dios».

El problema fue el engaño, y esto les costó la vida. No prometas si no puedes cumplir. Actúa con fe, pero pide al Espíritu Santo que te guíe. No te dejes llevar por tus emociones, ni porque tu vecino puso cierta cantidad de dinero. Dios ve tu corazón y tu disposición. A Dios no le importa la cantidad sino tu disposición.

Por esta razón el Principio número 9 es:

Principio #9
Cumple con diligencia lo que prometes

No trates de hacer las cosas por quedar bien con los demás. Antes de prometer, piensa primero. Luego ora al Señor, y si Él lo confirma en tu corazón entonces cumple lo que has prometido.

Si eres casado, ponte primero de acuerdo con tu cónyuge. Oren juntos al Señor y luego con alegría y sencillez de corazón entrega a Dios lo que has prometido. Este principio es muy importante para que puedas ser prosperado en todo.

Principio 10

Siembra en el terreno correcto

*Honra a Jehová con tus bienes, y con las primicias
de todos tus frutos; y serán llenos tus graneros con
abundancia, y tus lagares rebosarán de mosto.*

—PROVERBIOS 3:9-10

Creo que en este punto, todos estaremos de acuerdo. Por lo menos en la base. Debemos dar a Dios. Esto está claro. El problema es: ¿Quién o quienes son los tesoreros de Dios?

Imagino que has escuchado el chiste del manicomio, en el cual uno de los pacientes se había proclamado el «representante de Dios». Le iba muy bien con su argumento hasta que apareció otro paciente cuestionándolo en su cargo y aseverando que el verdadero representante de Dios era él. Ambos se concentraron en una pelea sin solución hasta que apareció otro paciente y les pidió que se calmaran y que reconocieran que ninguno de los dos era el verdadero representante de Dios, ya que, según decía este paciente: Él todavía no había decidido tener representante.

Aunque suene un poco jocoso, así de difícil es saber quién es el que debe recibir las primicias de nuestros frutos. Examinemos lo que dice la Biblia:

«El que es enseñado en la palabra haga partícipe de toda cosa buena al que lo instruye» (Gálatas 6:6).

Uno de los receptores que tiene Dios es aquel que nos instruye en su Palabra: ya sea el pastor o el maestro. Debemos hacerle partícipe de toda cosa buena a quien nos instruye en su Palabra. Si estamos recibiendo la comida espiritual de parte de un hijo de Dios, tenemos que entender que debemos hacerlo partícipe de lo material también. Ese es un recipiente que Dios ha puesto. Debemos ser agradecidos con los que nos instruyen en su Palabra. Si no te sientes instruido o discipulado, busca entonces alguien que comience a ministrarte y hazle partícipe de toda cosa buena que tengas. La Biblia dice:

«Así también ordenó el Señor a los que anuncian el evangelio, que vivan del evangelio. Pero yo de nada de esto me he aprovechado, ni tampoco he escrito esto para que se haga así conmigo, porque prefiero morir, antes que nadie me prive de esta mi gloria» (1 Corintios 9:14-15).

Claramente leemos que los que sirven al Señor anunciando el evangelio, deben vivir del evangelio. Pero ¿cómo se vive del evangelio? Pues naturalmente con las ofrendas del que es enseñado. Por cierto, hemos visto en esto muchos abusos. Personas inescrupulosas que se han aprovechado de este pasaje para quitar hasta el último centavo a los que están siendo enseñados, y vivir en lujosos edificios y mansiones, mientras varios de sus feligreses no tienen ni para comer. Recuerde que Dios no puede ser burlado y que Él los llamará a dar cuenta en su debido momento.

Con tristeza, vemos en la televisión predicadores con muchas pompas, con anillos de diamantes y relojes costosísimos, motivando a dar por la necesidad del evangelio. Esto se asemeja a la pompa de la Iglesia Católica tradicional, que con todo el oro que tienen en sus arcas podrían aliviar el hambre de millones de personas y, sin embargo, claman con descaro que están junto con los necesitados y que se conduelen de sus necesidades.

En su infinita sabiduría, Dios inspiró al apóstol Pablo para darnos la clave de compartir con el que nos enseña. Al final de este pasaje, el mismo apóstol dijo que él no se ha aprovechado de este derecho, sino que prefería morir antes de que le quiten la gloria de haberles predicado el evangelio de balde. Esa es la clave. Si ves que la persona que te enseña y discipula lo está haciendo totalmente gratis, sin esperar nada a cambio, y que no está manipulando sus emociones ni pensando en la retribución que le vas a dar; entonces éste es un buen recipiente de Dios. Si ves que tu maestro, discipulador o pastor trata igual al que tiene como al que no tiene, que no sólo se rodea de los que tienen sino que es movido a misericordia por todos los hermanos para predicarles el evangelio, entonces éste es un buen recipiente de Dios. Esta persona es tierra fértil donde puedes sembrar seguro, ya que dará su fruto a su tiempo. Si no estás viendo este ejemplo a tu alrededor, creo que sería muy bueno que comiences a buscar un verdadero siervo de Dios.

La Biblia también nos habla de otro recipiente:

«A Jehová presta el que da al pobre, y el bien que ha hecho, se lo volverá a pagar» (Proverbios 19:17).

Dios puede valerse de quien sea y como sea para hacer llegar su bendición a personas de escasos recursos económicos. Pero quiere que tú, que eres su hijo, hagas obras de misericordia, llores con el que llora y compartas tu pan con el que está pasando necesidad. Si eres hijo de Dios, entonces estarás haciendo continuamente obras de misericordia. Compartirás tu pan con alegría y con sencillez de corazón. Estarás siempre pendiente de tu hermano que está atravesando dificultades y dispuesto a repartir con los necesitados. El pobre es otro recipiente de Dios. Es otra canastilla donde puedes honrar a Dios con tus bienes. Honrar significa enaltecer, y dando al pobre enalteces en tu vida a tu Creador. Compartiendo el pan haces que las personas que no conocen a Dios le conozcan y vean que lo que predicas es real.

«*Entonces los justos le responderán diciendo: Señor, ¿cuándo te vimos hambriento y te alimentamos, o sediento y te dimos de beber? ¿Y cuándo te vimos forastero y te recogimos, o desnudo y te vestimos? ¿O cuándo te vimos enfermo o en la cárcel, y fuimos a verte? Respondiendo el Rey, les dirá: De cierto os digo que en cuanto lo hicisteis a uno de estos mis hermanos más pequeños, a mí lo hicisteis*» (Mateo 25:37-40).

Este es el mismo Jesús, nuestro Señor, el Rey de reyes, diciéndonos que cuando hacemos obras de misericordia con uno de nuestros hermanos más pequeños, a Él le estamos dando. No hay duda en esto. El necesitado y el hambriento son recipientes de Dios. Dios devuelve al ciento por uno. Eso significa que su interés es del 10,000%. No te digo que por cada dólar recibirás $100.00. No creas esa mentira. Lo que te digo es que recibirás el ciento por cada uno. ¿No significa lo mismo? No exactamente. Porque las bendiciones no solamente te vendrán en dinero. La Biblia dice que ninguna plaga tocará tu morada. Que Él velará por ti. Que estarás rodeado de tus hijos, etc. Son tantas las bendiciones que si las sumas tendrás el equivalente al 10,000%. Y también las verás en cosas materiales. Él sabe tus necesidades.

«Así que no había entre ellos ningún necesitado, porque todos los que poseían heredades o casas, las vendían, y traían el producto de lo vendido y lo ponían a los pies de los apóstoles; y se repartía a cada uno según su necesidad» (Hechos 4:34-35).

En la iglesia primitiva, según cuenta la Biblia en el libro de los Hechos, no había ningún necesitado (eso significa absolutamente ni uno solo), sino que los que tenían traían algo y lo repartían de acuerdo a la necesidad de cada uno. Esto puede suceder nuevamente. El mismo Espíritu Santo está presente en nuestros días. Es el mismo Espíritu que movió a nuestros hermanos del siglo primero a solidarizarse con la necesidad de los demás.

Cada iglesia debe volver a estas raíces. No puede haber necesitados entre nosotros. No puede haber quien pase hambre. No podemos hablar de Jesús mientras no nos condolemos por quien está en medio nuestro pasando necesidad. Compartamos el pan de nuestra mesa con aquel que no tiene. En el sitio que nos reunimos y que llamamos iglesia, debemos estar en solidaridad con todos. No más hambre. No más ostentación de unos, y hambre de otros. No más necesitados entre nosotros. Vivamos como hermanos. Demos ejemplo de que somos uno en el Señor, que todos estamos para servir a todos. Esto será real cuando nuestro Señor nos diga «me viste hambriento y me diste de comer». Si no has sido movido a misericordia, pídele perdón al Señor y cambia tu actitud. Pídele perdón a tu hermano y arrepiéntete mostrando el cambio en tu vida.

Por lo tanto el principio número 10 es:

Principio #10
Siembra en la tierra correcta

Hazlo ahora mismo. Dios te recompensará. Está su Palabra de por medio.

«Si tienes poder para hacer el bien, no te rehúses a hacérselo a quien lo necesite; no digas a tu prójimo: "Vete, vuelve de nuevo, mañana te daré", cuando tengas contigo qué darle» (Proverbios 3:27-28).

La clave es tener el poder de hacer el bien. En mi país, y quizá también en el tuyo, solemos decir: «Donde comen dos, comen tres». Esto es muy cierto. Si tienes para comer, entonces puedes compartir. No debes dar de lo que sobre sino de lo que tienes. No se trata de ver que es lo que sobra en la olla de tu cocina o en tu salario. Si piensas de esta forma nunca te sobrará nada, y de hecho también comenzará a faltarte.

La viuda de Sarepta compartió su comida con el profeta. Pero ella no compartió de lo que le sobraba ni esperó saciarse primero, sino que le dio de comer al profeta, y luego comieron ella y su hijo.

La Biblia dice que aunque sobraba solamente para una comida adicional no faltó pan en esa casa mientras estuvo el profeta con ella. Debes dar de lo que tienes y tendrás siempre abundancia. Si tienes dos camisas y hay un hermano que necesita una, regálasela.

Comparte en cada momento. No importa si es mucho o poco. Simplemente comparte. Tu forma de vida debe ser el compartir, el partir el pan con tu prójimo y compartir siempre con quien te rodea. La bendición de Dios es la que enriquece, y no añade tristeza con ella. El compartir hace que tengas alegría en tu vida y la trasmitas a las personas que te rodean. El no compartir hace que tengas sólo tristeza a tu alrededor.

Principio 11

Traed los diezmos al alfolí

¿Robará el hombre a Dios? Pues vosotros me habéis robado. Y aún preguntáis: "¿En qué te hemos robado?". En vuestros diezmos y ofrendas. Malditos sois con maldición, porque vosotros, la nación toda, me habéis robado. Traed todos los diezmos al alfolí y haya alimento en mi Casa: Probadme ahora en esto, dice Jehová de los ejércitos, a ver si no os abro las ventanas de los cielos y derramo sobre vosotros bendición hasta que sobreabunde.
—MALAQUÍAS 3:8-10

Este es un punto controversial. ¿Debo o no debo pagar el diezmo? Y si lo debo pagar, ¿a quién debo pagarlo? Examinemos primero lo que dice la Biblia.

El pasaje mencionado al principio de este capítulo, está en el último libro del Antiguo Testamento. Eran tiempos difíciles entre los judíos. Habían regresado de la deportación a Babilonia y el templo había sido reconstruido. Sin embargo, el pueblo judío no estaba cumpliendo con el diezmo. Pero ¿qué es el diezmo?

El diezmo es el 10% de una cantidad de dinero o de un bien. La costumbre entre los judíos era dar el 10% de todo el fruto obtenido. Para nuestros días sería el 10% de nuestra ganancia o del salario devengado. Israel no estaba llevando el diezmo al templo. Por esta razón no había alimento en la casa de Dios. ¿Significa esto que Dios necesita de alimento? Claro que no. Dios no necesita de ninguna cosa material. Además, la Biblia dice que Él es el dueño del oro y de la plata. Dios se refería a la situación de que no había comida para la gente que ministraba en su templo.

En nuestros días, la iglesia donde asistimos necesita pagar luz, local, gastos de operación, y muchas otras cosas más. Por lo tanto, debe mantenerse con las contribuciones de las personas que asisten. En el capítulo anterior explicamos que los que instruyen tienen derecho a recibir del que es instruido.

Como ahora vivimos bajo la gracia y ya no bajo la ley, y este pasaje se refiere al templo judío, ¿tenemos que cumplir con el diezmo, que aparentemente es parte de la ley? ¿Qué vino primero, la ley de Moisés o el diezmo?

Examinemos nuevamente lo que nos dice la Biblia:

«*Entonces Melquisedec, rey de Salem y sacerdote del Dios Altísimo, sacó pan y vino; y lo bendijo, diciendo: "Bendito sea Abram del Dios Altísimo, Creador de los cielos y de la tierra; y bendito sea el Dios Altísimo, que entregó a tus enemigos en tus manos". Y le dio Abram los diezmos de todo*» (Génesis 14:18-20).

Sabemos perfectamente que Abraham no vivió bajo la ley, puesto que la ley fue traída por Moisés, descendiente de Abraham. Sin embargo Abram (que así se llamaba en ese entonces) le dio el 10% de todo lo que obtuvo de su victoria a Melquisedec, sacerdote del Dios altísimo. Luego vemos que la costumbre de dar el diezmo fue continuada por los descendientes de Abram (Génesis 28:20) aún antes de que viniera la ley.

De manera que es totalmente claro que el diezmo es mucho antes que la ley y que esta era la forma en que las personas honraban a Dios con sus bienes. Por lo cual el diezmo no fue dado por la ley, sino que la ley mosaica lo incluyó, pero esto no hace exclusivo el diezmo a la ley mosaica. Bajo la luz de esta aclaración podemos aseverar que el pasaje de Malaquías no sólo se puede aplicar a la ley, sino a la costumbre antes de la ley de honrar a Dios con nuestros bienes. El diezmo era llevado al templo para que hubiera alimento entre los sacerdotes que ministraban en el mismo. El diezmo era antes de la ley y por lo tanto sobrepasa la acción de la ley mosaica. Este es para el Señor y Él abrirá su cielo para que tengas bendición en sobreabundancia.

Por lo tanto, el Principio número 11 es:

**Principio #11
Traed los diezmos al alfolí**

Pero examinemos un poco más el tema con el siguiente pasaje en cuanto a la iglesia primitiva:

«La multitud de los que habían creído era de un corazón y un alma. Ninguno decía ser suyo propio nada de lo que poseía, sino que tenían todas las cosas en común. Y con gran poder los apóstoles daban testimonio de la resurrección del Señor Jesús, y abundante gracia era sobre todos ellos. Así que no había entre ellos ningún necesitado, porque todos los que poseían heredades o casas, las vendían, y traían el producto de lo vendido y lo ponían a los pies de los apóstoles; y se repartía a cada uno según su necesidad» (Hechos 4:32-35).

Los discípulos del primer siglo tenían todas sus pertenencias en común. Nadie decía que lo que poseía era *suyo propio*, sino que todas las cosas se compartían. Este es otro principio. Lo que Dios te ha dado es para que lo administres y compartas con los demás discípulos de Jesús. Para que no haya necesitado entre tus hermanos. Entonces, ¿debo vender todo y ponerlo en la iglesia? Busquemos más luz en otros pasajes:

«Cada uno dé como propuso en su corazón: no con tristeza, ni por necesidad, porque Dios ama al dador alegre» (2 Corintios 9:7).

Debemos dar como proponemos en nuestro corazón. No sintiéndonos que nos desprendemos de algo y entregarlo con tristeza. Otra vez quiero recalcar que, no debes dar esperando nada a cambio. Eso es dar por necesidad. No te dejes manipular por quienes tratan de convencernos con manipulaciones inventada por hombres.

El apóstol Pablo explica claramente que no debemos dar por necesidad. Porque cuando termines en un estado peor, le echarás la culpa a Dios, ya que claramente su Palabra dice que no se debe dar por necesidad.

Sé organizado en lo que da. El consejo de Dios lo encontramos en el siguiente pasaje:

«Cada primer día de la semana, cada uno de vosotros ponga aparte algo, según haya prosperado, guardándolo, para que cuando yo llegue no se recojan entonces ofrendas» (1 Corintios 16:2).

Pablo no quería que se hicieran colectas cuando él llegara, sino que vayan apartando semana a semana «según hayan prosperado», para que cuando llegara esté todo listo para la ofrenda de los santos. ¿Quiénes eran los santos? ¿Eran los apóstoles? ¿Eran siervos de Dios?

«Mas ahora voy a Jerusalén para ministrar a los santos. Porque Macedonia y Acaya tuvieron a bien hacer una ofrenda para los pobres que hay entre los santos que están en Jerusalén. Pues les pareció bueno, y son deudores a ellos; porque si los gentiles han sido hechos participantes de sus bienes espirituales, deben también ellos ministrarles de los materiales» (Romanos 15:25-27).

Cuando Pablo les pedía a los cristianos de Corintos —capital en ese entonces de la provincia romana de Acaya— que separen ofrenda para los santos, de la que ellos y los macedonios estaban enviando a los pobres entre los hermanos en Jerusalén. Estos discípulos entre los gentiles se sentían en deuda por la predicación del evangelio con los discípulos de Jerusalén que estaban dispuestos a compartir con los necesitados de entre los judíos creyentes, y estaban apartando cada semana «según eran prosperados» y de acuerdo a cómo proponían en su corazón, según el Espíritu Santo les ministraba.

Ponte de acuerdo con Dios. Pídele en oración que te guíe en la ofrenda que des a los santos y que sientas paz en tu corazón. Conozco personas que han llegado a dar hasta el 90% de sus ganancias, según fueron prosperando y propusieron en su corazón.

Gracias a estos héroes de nuestra fe, el evangelio ha sido propagado en casi todo el mundo y llegado a los sitios más recónditos de la tierra. Pero todavía hay lugares donde hace falta llevar la Palabra de Dios, el evangelio de Jesús y cumplir con la gran comisión de predicar su evangelio a toda criatura, enseñándoles que guarden todas estas cosas.

Hago mucho hincapié en dar, porque la Biblia es clara al enseñar que para recibir primero es necesario dar, pero con la actitud correcta. Con alegría y no por necesidad. Dios te dé entendimiento al dar y recibas en sobreabundancia.

Principio 12

No debas a nadie

Pero esto digo: El que siembra escasamente, también segará escasamente; y el que siembra generosamente, generosamente también segará. Cada uno dé como propuso en su corazón: no con tristeza ni por obligación, porque Dios ama al dador alegre. Y poderoso es Dios para hacer que abunde en vosotros toda gracia, a fin de que, teniendo siempre en todas las cosas todo lo necesario, abundéis para toda buena obra.

—2 CORINTIOS 9:6-8

He pasado por situaciones económicas difíciles. Hace varios años, debido a que llevaba una vida desorganizada económicamente estuve en serios aprietos económicos. Estaba ahogado en deudas imposibles de pagar. Siempre había sido una persona responsable con mi diezmo, pero aún así estaba en serios problemas económicos. Tenía un buen trabajo, con un buen sueldo, pero no era suficiente para cubrir todas mis obligaciones.

Cada día me preguntaba por qué estaba en esta situación si siempre había sido muy responsable con el diezmo y con las ofrendas que daba al Señor. Había aprendido de la Biblia que si sembraba generosamente, debía cosechar de la misma

84

manera. Sin embargo, me encontraba en una situación de la cual aparentemente no tenía solución.

Pero como todos los seres humanos, buscamos más de Dios en los momentos de angustia, entonces entré en oración para hallar una respuesta de parte de nuestro Creador. Durante varios días le pregunté a Dios qué había hecho mal, cuál había sido mi error. Le imploré que me enseñara qué debía cambiar.

A veces esperamos que Dios nos conteste de la forma que queremos escuchar la respuesta. Pretendemos que Él nos dé una fórmula mágica con la cual podamos, en un abrir y cerrar de ojos, salir del problema. Pero Dios no actúa así. Él es soberano y su sabiduría es infinita, y tiene la solución correcta en los momentos correctos. Eso puede significar segundos, minutos, días o años, pero siempre será perfecta.

Luego de esa incesante búsqueda, lo primero que Dios me dijo fue que Él no era el culpable de lo que yo estaba viviendo. ¡Pero yo ni siquiera lo había pensado! ¿Estás seguro que no le echas la culpa a Dios de tus problemas financieros? Sin darme cuenta, yo había culpado a Dios. Había sido un ejemplo de generosidad, diezmaba puntualmente, ofrendaba cuando había que hacerlo, pero creía que era la Palabra de Dios era la que no funcionaba. ¡Cómo podemos engañarnos tan fácilmente! Estaba culpando a Dios.

La segunda cosa que aprendí es que había pasado por alto principios básicos de su Palabra que dice:

«Pagad a todos lo que debéis: al que tributo, tributo; al que impuesto, impuesto; al que respeto, respeto; al que honra, honra. No debáis a nadie nada, sino el amaros unos a otros, pues el que ama al prójimo ha cumplido la ley» (Romanos 13:7-8).

Ese era el primer principio que no había tenido en cuenta.

**Principio #12
No debas a nadie**

Pero entonces, ¿cómo compro una casa, un carro u otra cosa? Acaso, ¿no se ha establecido todo este sistema para que podamos tener acceso a muchos bienes, que de otra forma no sería posible? Si reúno el dinero para pagar una casa al contado, ¿no valdrá tres veces más cuando tenga el monto que me había fijado?

Establezcamos varias diferencias en lo que estamos hablando. Debemos diferenciar entre invertir y endeudarse. ¿Cuál es la diferencia? Al invertir, guardas; al endeudarte, gastas.

En el sistema americano se han establecido ciertas reglas que se deben cumplir. Puedes acercarte a cualquier banco a pedir información para acceder a un crédito para comprar una casa y ellos le explicarán todos los requisitos necesarios. Ellos decidirán el monto que te darán y dirán que por ley existe un porcentaje máximo de tu sueldo que puedes destinar para el pago de tu casa. Luego te preguntarán cuántas deudas tienes y también te dirán que por ley al sumar sus deudas y la hipoteca, existe un porcentaje máximo de su sueldo que se establece para cubrir todas esas deudas. Si hasta ahí vas bien, entonces el banco buscará una entrada que tu hipoteca sea inferior al monto de la casa. Existen planes de hipotecas hasta el 100% de financiamiento, pero siempre tendrán ciertos requisitos que cumplir que protegerán al banco ante cualquier eventualidad. Todas estas reglas, hacen que siempre tengas un valor a favor del banco.

Veámoslo desde otra perspectiva. Si quieres vender tu casa y sumas lo que debes en la hipoteca con el valor que puedes percibir por la casa. Ese monto es tu patrimonio. En otras palabras, el banco posee un porcentaje de la casa, que al inicio de la hipoteca es muy alto, y tú posees el valor restante. ¿Crees que esto es una deuda? Esto es una sociedad en la cual a medida que van pasando los años vas adquiriendo un mayor porcentaje de la misma. ¿Qué son entonces los intereses que se le paga al banco? Los intereses son el pago por usufructuar el bien que estás habitando. Esta inversión es mejor todavía para la persona que la ocupa, porque todas las ganancias que se generen por el incremento de precio de la propiedad, son exclusivamente tuyas y no tienes que darle un centavo al banco. Si aún tiene dudas sobre la diferencia entre inversión y deuda. Déjame darte otro ejemplo.

Digamos que decides que el televisor que tienes actualmente es muy pequeño para lo que está de moda y necesitas comprarte uno más grande, porque todos tus amigos tienen un televisor de ese tamaño. No es posible que tus hijos se sientan menos que sus compañeros de escuela, y como acaba de llegarte una tarjeta de crédito con un monto disponible para hacer la compra, decides que es una señal de aprobación del cielo. Así que vas y compras el televisor.

Después de uno o dos meses ves que no hubo problema en la compra y que los pagos mínimos de la tarjeta los puedes manejar muy bien, entonces decides que es hora de cambiar el carro. Ya tiene más de tres años y aunque funciona bien, tus amigos tienen un carro del año por lo tanto tú no puedes ser menos. Ellos tienen un salario similar al tuyo, así que si ellos pueden, por qué no podrás tú. Vas a la agencia de venta de carros y por suerte encuentras un vendedor muy amable, que te cayó muy bien y ha decidido ayudarte. Sólo por hacerte un favor te consigue un mejor carro que el que querías, aunque las cuotas eran un poco más altas. Pero como ahora es amigo tuyo, consigue que te autoricen el crédito, aunque con un interés un poco más alto. Pero, como este nuevo amigo te está haciendo un favor decides seguir adelante con la compra.

Luego de varios meses, descubres que no puede pagar todas tus obligaciones y decides vender los bienes que has adquirido, pero para tu sorpresa, a diferencia de la compra de la casa, el valor del carro y del televisor es muy inferior al que pagaste. Entonces le echas la culpa a Dios por no haberte hablado a tiempo y así evitarte el problema grande en que te ha metido.

El ejemplo que acabo de darte no es exagerado. Es la realidad de todo lo que le está pasando a nuestra sociedad. Nuestra gente gasta más de lo que gana y se mete en una espiral de deudas que lo llevan a problemas económicos serios en el futuro.

No necesitas preguntarle a Dios las cosas que Él ya estableció. Si en un supermercado pagas con un billete de $20.00 y la cajera te da un vuelto de un billete de $50.00, no puedes pedirle a Dios que te guíe para ver si es correcto o no quedarte con ese dinero. Si te quedas con el dinero estás robando. Así de claro. Si Dios dice que no tenemos que deber nada a nadie, es así. Si quieres un televisor nuevo, espera a tener el dinero para comprarlo. Los televisores y otros bienes bajan de precio y no suben. Si quieres un carro nuevo espera a tener por lo menos una entrada razonable que permita venderlo y quedarse con una diferencia. No tomes una cuota alta que no puedas llegar a pagar. Si necesitas muebles nuevos, espera a tener el dinero suficiente para pagarlo. Sé astuto y no te deje llevar por la corriente de este mundo. Dios te bendecirá por el solo hecho de cumplir con su Palabra.

La diferencia entre una deuda y una inversión, es que en la inversión siempre estoy a favor, y en una deuda en el balance siempre estoy en contra. Esto aplica a buscar invertir en lugar de gastar. Trata siempre guardar al menos el 10%

de lo que recibes para invertir. Si logras guardar un dólar diario, tener un retorno de inversión del 10%, al final de tu vida tendrás un capital de $2,700,000.00. Quiero volver a enfatizar. Si tus bienes y tus carros funcionan, no hay motivo para cambiarlos. Mejor reunir dinero y hacer una inversión que te permita en el futuro, cuando sea necesario, comprar un carro, y será aún mejor y no deberás dinero a nadie.

Cuando vendí mi casa obedeciendo a Dios, le pedí que me guiara a buscar otra. Si era su voluntad y sólo con su permiso, tendría otra. Busqué en toda el área donde vivía y siempre en oración, decidí que la mejor opción para mi familia era comprar en preconstrucción. Fuimos a vivir a un departamento modesto y pequeño hasta que terminaran de construir la casa. Además, esto me permitía salir de otras deudas y quedar con resto en mi sueldo para poder pagar la nueva hipoteca. La casa que vendimos en obediencia a Dios tenía casi 1300 pies cuadrados. La nueva que habíamos adquirido tenía más del doble de pies cuadrados, y pagamos la misma cantidad de dinero mensualmente.

¿Cómo pasó esto? Dios estuvo en todo este proceso. Sé que si seguimos sus principios establecidos nos ocurrirán cosas como estas. No necesitamos entenderlo, sólo seguir sus principios. Haz tuyo estos principios, y verás cómo tus inversiones crecerán.

Principio 13

Da con alegría
y con amor

Cada uno dé como propuso en su corazón: no con tristeza,
ni por necesidad, porque Dios ama al dador alegre.
—2 CORINTIOS 9:7

Aprende a dar tus diezmos y ofrendas con una correcta actitud. Si estamos metidos en problemas económicos, no demos esperando que Dios resuelva nuestros problemas, sino porque es justo dar. Demos por amor a Dios. Demos en agradecimiento a que Él nos da gratis el aire que respiramos y que hace salir el sol sobre nosotros todos los días. Demos en agradecimiento a que nos guarda de peligros y en salud. Demos para que su Palabra sea anunciada hasta lo último de la tierra. Si somos fieles en esto, Él aumentará nuestros bienes y entonces, podrás dar más. Él nos dará para compartir con el que no tiene y para que niños que no tienen oportunidad de progresar, puedan salir adelante, porque existen hijos de Dios que están preocupados por hacer el bien.

«A Jehová presta el que da al pobre, Y el bien que ha hecho, se lo volverá a pagar» (Proverbios 19:17).

90

«Entonces los justos le responderán diciendo: Señor, ¿cuándo te vimos hambriento y te alimentamos, o sediento y te dimos de beber? ¿Y cuándo te vimos forastero y te recogimos, o desnudo y te vestimos? ¿O cuándo te vimos enfermo o en la cárcel, y fuimos a verte? Respondiendo el Rey, les dirá: De cierto os digo que en cuanto lo hicisteis a uno de estos mis hermanos más pequeños, a mí lo hicisteis (Mateo 25:37-40).

Así como «no endeudarse» es un principio bíblico, también «dar sin esperar nada a cambio» lo es. Debemos ayudar a los necesitados y compartir lo que Dios nos da con el que no tiene. Él estableció que si le damos al pobre, le estamos prestando a Él mismo y nos lo devolverá. Pero no demos tratando de hacer un negocio. Esperando que el Creador nos lo devuelva, porque estaremos quebrantando el principio del verdadero motivo de dar. Demos con alegría y con sencillez. Sin esperar nada a cambio. Demos con amor.

Este es el nuevo principio que debes aprender:

Principio #13
Da con alegría y con amor

Es tiempo de dar, de practicar con las personas que no tienen los recursos que tú tienes. Siempre habrá alguien a quién puedas darle. Siempre habrá con quien compartir. Da con alegría, sintiéndote satisfecho de haber contribuido a que una persona ese día se acueste feliz y agradeciendo a tu Padre Celestial por haberse acordado de él. Siéntete feliz de que esta persona haya visto la mano de Dios a través de tu acción. Que con tu obra de amor hayas cubierto multitud de pecados y que esa alma ahora esté comprometida con el Señor al ver que existen hijos de Dios que hacen realidad la predicación de Jesús. Que su predicación no es sólo de un altar sino con acciones y obras de misericordia sobre los necesitados. Con este principio, culminamos de poner los cimientos. Ahora debemos ponerlos en práctica. Espero haberte motivado a entrar en los principios del reino, que son diferentes a los del mundo, por más efectivos. Dios hará crecer tu sementera. Sólo sigue sus pasos.

PARTE II

PONERLO EN PRÁCTICA

TERCERA LEY

DA LOS PASOS CORRECTOS

Principio 14

Sueña ganar el mundo y establece la estrategia adecuada

Pero Jehová había dicho a Abram: Vete de tu tierra y de tu parentela, y de la casa de tu padre, a la tierra que te mostraré. Y haré de ti una nación grande, y te bendeciré, y engrandeceré tu nombre, y serás bendición. Bendeciré a los que te bendijeren, y a los que te maldijeren maldeciré; y serán benditas en ti todas las familias de la tierra.

—GÉNESIS 12:1-3

Imagina que consigues un trabajo en el cual sólo te van a pagar por comisión de venta. No tienes salario, pero si logras vender un producto que cuesta $5.00, te ganas un dólar. Te dan todas las herramientas que necesites y toda la ayuda y asistencia que solicites. ¿Cómo puedes hacer una fortuna con esto?

Primero, acuérdate del Principio #4: «No resuelvas un problema con la actitud equivocada». Si quieres ganar el mundo debes aplicar este principio.

96

Si quiero obtener una buena ganancia y por cada venta que haga recibir un dólar, entonces debo comenzar a resolver este problema con la actitud correcta. La solución es soñar. Sueña y ganarás el mundo, pero no sueñes en pequeño, sueña siempre en grande. Pon tus sueños lo más alto posible. En la Biblia encontramos:

«Porque yo sé los pensamientos que tengo acerca de vosotros, dice Jehová, pensamientos de paz y no de mal, para daros el fin que esperáis» (Jeremías 29:11).

Si el Creador de los cielos y la tierra, el dueño del universo, tiene pensamientos de paz y de bendición para ti, es porque Él quiere que nos vaya bien en todo lo que emprendamos. Él desea que a todos sus hijos les vaya bien, así que sueña pensando que tienes un papá que es el dueño del universo y quiere bendecirte.

Con esta actitud, volvamos a mirar hacia el problema que formulamos anteriormente. ¿Cuánto quieres ganar con este trabajo? Cierra los ojos y piensa en una cantidad antes de continuar. Medita un poco y no te apresures. No sigas leyendo hasta que tengas dicha cantidad en tu mente. Piensa cómo lo harás y qué solución vas a plantear. Recuerda que te ofrecieron toda la ayuda y asistencia que solicitaras, así que esos gastos corren por cuenta del dueño de la empresa.

Sueña con las estrategias que vas a emplear y cómo las conseguirás. Cierra tus ojos y analiza toda la situación. Cuando tengas todo listo, escribe en las líneas que siguen y luego voltea esta página. Hazlo sin mirar la siguiente. Aprende bien este ejemplo que de esta forma son todos los problemas que se te presentarán en la vida.

Cantidad que quiero ganar en este año: $_____

¿Cómo lo voy a lograr?: _____

_____

_____

_____

_____

_____

_____

_____

_____

Ya que escribiste tu estrategia, seguramente estará de acuerdo con la cantidad de dinero que escribiste. Por ejemplo, si escribiste que quieres ganar $10,000.00, eso significa que deberás vender 10,000 unidades. Tal vez debas hacer una campaña por teléfono. El famoso método de telemercadeo. Para eso, si trabajas de lunes a viernes, tendrás que vender un promedio de 40 unidades diarias. No parece descabellado. Digamos que tienes éxito de contactar cinco personas cada hora, en 8 horas de trabajo tendrías 40 llamadas, es decir, tendrías que tener un éxito del 100%. Si lograras eso, serías el mejor vendedor del mundo. Si hubieras investigado primero, sabrías que el éxito en telemercadeo está en alrededor del 2% al 5% de las llamadas hechas. Es decir necesitarías hacer 800 llamadas por día para llegar a vender las 40 que necesitas. Eso significa que necesitas hacer más de 100 llamadas por minuto. Obviamente es imposible, por lo tanto, lo que soñaste no es real y ni viable.

Es verdad que te dije que soñaras y ganarías el mundo. Pero debes analizar todas las estrategias que usarás y ver si estás resolviendo el problema con la actitud correcta.

Quiero plantearte una solución con mi estrategia dentro de la misma propuesta. Imaginemos que en 10 años ganarías con ese producto $100,000,000.00. No me volví loco. Analicemos mi estrategia.

En 10 años trataría de vender dicho producto a una persona de cada tres que contacte. ¿Podrías convencer a una persona en 10 años que te compre y ganes $1.00? Si el plazo es 10 años para convencerlo y debes venderlo no a todos, sino a uno de cada tres, es posible lograrlo.

Para vender $100,000.000.00 en los diez años, ¡necesitaría 300 millones de personas! ¡Pues esa es la población de los Estados Unidos! Un país donde la cultura es comprar. No importa si es necesario o urgente. Todo el mundo compra. Si es algo que sólo cuesta $5.00 es muy probable que podamos convencer a uno de cada tres norteamericanos que compre y que nos haga ganar un dólar. ¡Y tenemos diez años para convencerlos!

Pero, ¿cómo llego a los 300 millones de personas en los diez años? Para eso necesitaría mucho dinero en publicidad. Antes de explicarte cómo debes aprender el siguiente principio:

**Principio #14
Sueña ganar el mundo y establece
la estrategia adecuada**

Entonces, ¿cómo puedo llegar a todo el pueblo norte-americano? Necesitaría una inversión millonaria. Poner una publicidad en el Super Bowl, donde 80 millones de personas puedan verme. Y además, está el costo de distribución, y otros más. Si piensas así, nuevamente tienes la actitud equivocada. Recuerda el Principio #4: «Resuelve los problemas con la actitud correcta».

¿Cómo hacer un mercadeo fuerte con un producto de $5.00? Damos gracias infinitas a Dios que se inventó la Internet. Ya no necesitas comprar grandes marquesinas para anunciar tu producto. Tan sólo un poco de inversión en una llamativa página web que salga en los buscadores y estaremos virtualmente en todas las casas de este país. Esa es la estrategia. Si tienes un producto de $5.00 que es atractivo y con el cual te ganas $1.00, puedes tener ya la idea de los $100 millones. Tan sólo SUEÑA.

Este es sólo el comienzo. ¿Por qué no vender información? Pensemos juntos lo siguiente: Por años has hecho dieta y luego de experimentar con muchas te has dado cuenta que el secreto no está en no comer, sino en comer bien. Haces una receta que te funciona y decides vender tu secreto al mundo. Para ello, estableces que el costo por persona es de $15.00. La publicas en Internet y cada persona que la compre te estará dando $15.00 de ganancia. En este caso, ya no necesitas vender a 100 millones de personas en 10 años. Necesitas vender sólo a casi 7 millones de personas. ¿Qué te parece? Eso significa algo muy posible, y estamos hablando de ganancia total, con costos sumamente reducidos.

Esas son las ideas que debes buscar. Sueña primero. Piensa cuánto es lo que quieres ganar: ¿$100,000 por año por los próximos 10 años? Pues eso es sólo $1,000,000.00 y si descubres la dieta ideal necesitarás vendérsela a 70,000 personas en los próximos 10 años. ¿Crees que vale la pena arriesgarse a soñar?

Principio 15

Sólo perseverando alcanzarás tu sueño

Pero la que cayó en buena tierra son los que con corazón
bueno y recto retienen la palabra oída,
y dan fruto con perseverancia.

—LUCAS 8:15

¿Sabes cuál es la diferencia entre las personas que llegan a realizar su sueño y otras que dejaron pasar su tiempo y no lograron sus anhelos en la vida? La diferencia es que unas lo intentaron constantemente, perseveraron en lo que se propusieron. El fracaso no es haber perdido una batalla. El fracaso es no volver a intentarlo.

Tomás Edison intentó más de 100 veces fabricar el bombillo eléctrico hasta que lo logró. Si hubieras sido él, ¿lo hubieras intentado tantas veces? Él aprendía con cada fracaso y sabía que estaba más cerca de la meta. No se desanimaba, sino que entendía que había sido otra lección que debía aprender y que estaba cerca de lograrlo. ¿Cuál es tu actitud? ¿Te desanimas en el primer intento? Si no perseveras, no llegarás a cumplir tu sueño.

Durante los primeros siete años de vivir en los Estados

Unidos, perdí más de $100,000.00 en ideas y negocios que no resultaron. La cantidad me parece pequeña con relación a lo que estaba aprendiendo. Cada fracaso me enseñaba a no volver a cometer los mismos errores. Fracasar hubiera sido no volver a intentarlo. Pero aún con todo el aprendizaje que tuve, me di cuenta que volver a intentarlo de la manera correcta daría sus frutos. Todas esas lecciones eran como una siembra. Eran las semillas que necesitaba para salir adelante. Para cosechar hay que sembrar, y la semilla cuesta dinero. Muchas veces, la semilla se pierde porque cae en tierra no productiva.

El fruto sólo vendrá si actúas con perseverancia. Si eres consistente. Si al soñar tomas la actitud correcta, si al plantear la respuesta al problema estarás con la misma actitud. Sólo si perseveras alcanzarás la meta que te has trazado.

Por esta razón el siguiente principio es:

> **Principio #15**
> **Sólo perseverando alcanzarás tu sueño**

Hay un refrán que lo conozco desde que era un niño: «La constancia vence lo que la dicha no alcanza». Si perseveras, darás el fruto deseado. Es perseverando que conseguimos nuestra meta. Si lees a Daniel capítulo 10, verás que oró y ayunó durante tres semanas hasta que el ángel se le apareció. Aunque su oración había sido escuchada desde el primer día, no fue sino hasta después de 21 días que el ángel llegó con la respuesta. Pero Daniel no desmayó al segundo día, ni al tercero o al cuarto; Daniel no desmayó hasta que apareció el ángel.

La respuesta había sido enviada, pero el príncipe de Persia se había interpuesto en el camino. Sin embargo, la perseverancia de Daniel hizo que llegara su respuesta. Persevera hasta el final. Si tienes la estrategia adecuada, persevera. Analiza continuamente tu estrategia. Replantéala cada día si es necesario, pero persevera hasta que llegue tu respuesta.

«¿No sabéis que los que corren en el estadio, todos a la verdad corren, pero uno solo se lleva el premio? Corred de tal manera que lo obtengáis» (1 Corintios 9:24).

No te desanimes a la mitad de la carrera. Si lo haces no obtendrás el premio. Persiste y corre hasta la meta y obtendrás el premio. Si un corredor de 100 metros lleva la delantera, pero en los últimos cinco se detiene, perderá. No habrá importado que fuera el primero en los 95 metros iniciales. Importará que se detuvo y no alcanzó el premio. Sé consistente y lograrás tu premio.

Finalmente quiero que no confundas la perseverancia con la ansiedad. Jesús dijo:

«Así que, no os afanéis por el día de mañana, porque el día de mañana traerá su afán. Basta a cada día su propio mal» (Mateo 6:34).

La perseverancia no es afán. Afanarse es sentir ansiedad por algo que queremos. Perseverar es ser consistente, no abandonar nuestra meta.

El afán es un anhelo vehemente. Jesús nos dijo que no tuviéramos este anhelo vehemente. No debemos preocuparnos por el día de mañana. Cada día traerá sus problemas y poderoso es Dios para recurrir en nuestra ayuda. No debemos preocuparnos por el día de mañana. Dios vendrá en nuestro socorro.

Perseverar es tener un norte hacia donde ir. Es mirar las cosas que no son como si fueran y dirigirse hacia ese blanco. Quien persevera alcanza. Quien es consistente tendrá mucho fruto. Quien es diligente verá su canasta llena de fruto. Persevera siempre. Persevera hasta el final. Escribe varios de tus sueños. Medita qué quieres hacer y escríbelos a continuación. Si son varios mejor. Un sueño ayudará al otro a llevarlo a cabo. Cada tropiezo que tengas en llevarlo a cabo, será una lección nueva que has aprendido. Será un paso más cerca de la meta. Sueña y ganarás el mundo. No te conformes con cosas pequeñas. Sueña en grande. El Dios del universo, el Creador del universo estará contigo.

MI SUEÑO #1: _____

_____

_____

_____

ESTRATEGIA QUE VOY A SEGUIR: _____

_____

_____

_____

_____

_____

_____

MI SUEÑO #2: _____

_____

_____

_____

ESTRATEGIA QUE VOY A SEGUIR: _____

_____

_____

_____

_____

_____

MI SUEÑO #3: _____

_____

_____

_____

ESTRATEGIA QUE VOY A SEGUIR: _____

_____

_____

_____

_____

_____

_____

MI SUEÑO #4: _____

_____

_____

_____

ESTRATEGIA QUE VOY A SEGUIR: _____

_____

_____

_____

_____

_____

Principio 16

Dios es tu socio en todo lo justo y bueno

Fíate de Jehová de todo tu corazón, y no te apoyes en tu propia prudencia. Reconócelo en todos tus caminos, Y él enderezará tus veredas. No seas sabio en tu propia opinión; teme a Jehová, y apártate del mal.

—Proverbios 3:5-7

¿Quisieras tener un socio millonario? ¿Qué te parece si te asocias con Bill Gates? Pues te propongo tener un socio infinitamente mayor. Un socio que sabe lo que va a ocurrir en el futuro. Un socio que sabe de qué tienes necesidad y está esperando ansiosamente que lo busques. Un socio que quiere que tú prosperes.

«Amado, yo deseo que tú seas prosperado en todas las cosas y que tengas salud, así como prospera tu alma. Mucho me regocijé cuando vinieron los hermanos y dieron testimonio de tu verdad, de cómo andas en la verdad. No tengo yo mayor gozo que oír que mis hijos andan en la verdad» (3 Juan 2).

Dios desea que seas prosperado en todo. Ese es su plan.

110

Pero este plan tiene sus condiciones. Dios no desea que seas prosperado solamente en lo material, sino en todo. Parafraseando a Joe Paterno: «El éxito material sin honor, es como comerse un plato de comida sin sazón. Te has quitado el hambre pero no lo disfrutaste». Dios no quiere darte mucho dinero si eso significa que pierdas a tus hijos, a tu familia y que llegues a un divorcio. Él quiere que tu prosperidad sea integral. Que llegues a los días de tu vejez con la mujer de tu juventud. Que envejezcas rodeado de tus seres queridos y con la gratitud hacia Él. Que hayas cumplido el propósito para el cual te creó y que hayas sido un administrador fiel de lo que te confió. De qué le sirve al hombre si gana el mundo y pierde su alma.

Para ser socio de Dios debes seguir ciertas reglas. Primero, no trates de engañarlo, ese sería el peor error que pudieras cometer: «No os engañéis, Dios no puede ser burlado, pues todo lo que el hombre sembrare eso también segará».

No trates de sacar ventaja de tu relación de hijo de Dios, porque Dios no se agradará de ello. Acuérdate que Él te da la fuerza y la sabiduría para que puedas compartir tu pan con el hambriento. Luego acuérdate que es Él y sólo Él, el que edifica. Si no edificas, en vano es tu trabajo.

«Si Jehová no edifica la casa, en vano trabajan los que la edifican; si Jehová no guarda la ciudad, en vano vela la guardia. Por demás es que os levantéis de madrugada y vayáis tarde a reposar, y que comáis pan de dolores, pues que a su amado dará Dios el sueño» (Salmo 127:1-2).

Dale siempre la honra a Dios. Él es quien mantiene tus manos fuertes y tu vigor para que sigas emprendiendo.

¿Cómo hago a Dios parte de mi negocio? Pues con unas reglas muy sencillas.

Consúltale siempre antes de tomar cualquier acción.

Antes de tomar la decisión, puedes consultarle y si reúne todos los requisitos arriba mencionados, Él te dará paz en tu corazón para seguir adelante.

«Por lo demás, hermanos, todo lo que es verdadero, todo lo honesto, todo lo justo, todo lo puro, todo lo amable, todo lo que es de buen nombre; si hay virtud alguna, si algo digno de alabanza, en esto pensad. Lo que aprendisteis, recibisteis, oísteis y visteis en mí, esto haced; y el Dios de paz estará con vosotros» (Filipenses 4:8).

Todo lo que emprendas tiene que andar por el camino correcto. No puedes desviarte ni a izquierda ni a derecha. Si tienes que mentir para conseguir un negocio que estabas buscando, ten por seguro que Dios no será tu socio. Él no puede habitar en el pecado. Estarás a solas y luego no podrás echarle la culpa. No importa si pagas tu diezmo, si eres muy generoso con tus ofrendas, Dios no te ayudará en lo malo. Sólo estará contigo si lo que haces es verdadero, honesto, de buen nombre, si tiene virtud alguna, si es digno de alabanza.

No intentes conseguir un negocio por orgullo, envidia, venganza hacia otros, es mejor que desistas. Él no apoyará algo que haces en tus propias fuerzas. Si no es de buen nombre, no estará contigo.

Por consiguiente el principio que debes aprender es:

Principio #16
Dios es tu socio en todo lo justo y bueno

Segundo, debes buscar siempre su rostro. Es imposible que puedas oír su voz si no estás en contacto con Él. ¿Cómo prosperarás si no lees la Biblia? ¿Cómo puedes escuchar su voz si no le buscas en oración? Busca su rostro de día y de noche. Lee su Palabra de día y de noche para que entonces, y sólo entonces, prosperes.

Si lo buscas todos los días de tu vida, continuamente, y perseverando en todo tiempo, entonces harás prosperar tu camino y todo te saldrá bien.

«Nunca se apartará de tu boca este libro de la Ley, sino que de día y de noche meditarás en él, para que guardes y hagas conforme a todo lo que está escrito en él, porque entonces harás prosperar tu camino y todo te saldrá bien» (Josué 1:8).

Tercero, comparte tus ganancias con Dios y con los necesitados. Este tema lo tratamos anteriormente, pero quiero recordarte que Dios te da para que abundes en generosidad.

«Y el que da semilla al que siembra, y pan al que come, proveerá y multiplicará vuestra sementera, y aumentará los frutos de vuestra justicia, para que estéis enriquecidos en todo para toda liberalidad, la cual produce por medio de nosotros acción de gracias a Dios» (2 Corintios 9:10-11).

El te dará semilla si siembras, entonces te dará pan para que comas, multiplicará tu simiente y aumentará los frutos de tu justicia para que seas enriquecido para dar con liberalidad. Tus frutos son de justicia. Si das al pobre te es contado por fruto de justicia. Si lo acaparas para ti, no tendrás fruto de justicia y tu semilla comenzará a escasear.

Si eres fiel en lo poco, Dios te pondrá en mucho. Él cumplirá siempre su Palabra. No puede negarse a sí mismo.

Cumple fielmente con estas reglas y verás muy pronto cómo se multiplicará tu fruto.

113

Principio 17

Asóciate con personas con la misma visión

De cierto os digo que todo lo que atéis en la tierra, será atado en el cielo; y todo lo que desatéis en la tierra, será desatado en el cielo. Otra vez os digo, que si dos de vosotros se pusieren de acuerdo en la tierra acerca de cualquiera cosa que pidieren, les será hecho por mi Padre que está en los cielos. Porque donde están dos o tres congregados en mi nombre, allí estoy yo en medio de ellos.
—MATEO 18:18-20

Una vez que tengas claro hacia dónde quieres ir, tienes una visión que seguir y sueños que realizar, has dado el segundo paso. Este paso es que Dios es mi socio, pero que no mi alcahuete. No es el mago de la lámpara mágica que cumplirá los deseos que yo tenga sino que, como el mejor Padre que existe, me dará lo que yo necesito para que sea de bendición para los que me rodean y para mí mismo.

Otro principio importante es:

Principio #17
Asóciate con personas con la misma visión

Dios nos ha dado dones a cada uno de los hombres para que en conjunto hagamos un cuerpo.

«De la manera que en un cuerpo tenemos muchos miembros, pero no todos los miembros tienen la misma función, así nosotros, siendo muchos, somos un cuerpo en Cristo, y todos miembros los unos de los otros» (Romanos 12:4-5).

Si tomamos el ejemplo de una empresa que se dedica a la manufactura de telas, podemos determinar varios departamentitos en su organización. Cada uno de ellos tiene una responsabilidad y una función que cumplir.

Alguno de ellos está dedicado a la administración de la empresa, otros a la contabilidad, otros tienen la función de vender el producto y por supuesto existe la función de producir los productos textiles que ofrecen.

No todos se van a dedicar a la producción, ni tampoco a la contabilidad. De la misma manera que en un cuerpo hay muchos miembros y no todos tienen la misma función, de esa manera cada uno de ellos se ayuda a otro mutuamente.

Por esta razón, Dios no te dio todos los dones a ti, para que no seas una empresa en ti mismo y para que no te ensoberbezcas, sino que te dio ciertos dones solamente. De esta forma, en algún momento necesitarás los dones de otras personas con los cuales puedes asociarte y formar un solo cuerpo para edificación del mismo. Esto te obliga a relacionarte y a buscar recursos y capacidades con las que cuentan otras personas.

Ante esta realidad necesitas de ayuda externa para que tus sueños se hagan realidad. Tienes tu objetivo y sabes que cuentas con Dios en tu empresa, necesitas comenzar a contratar el personal con el que llevarás a cabo el proyecto. Estas personas deben ser idóneas para el trabajo que deben desarrollar. Enumera las personas que serán necesarias para la culminación de tu proyecto.

Si no eres bueno para administrar, necesitarás un buen administrador que pueda aprovechar con suma cautela los recursos que genere tu empresa para que sean utilizados de la manera eficiente.

Así como necesitas de un administrador, necesitarás un gerente de publicidad que te permita dar a conocer el producto, un gerente de mercadeo, un departamento legal, y así sucesivamente.

Pero ahora, seguramente me preguntarás: ¿Con qué dinero contrato tanto personal y mano calificada para poder desarrollar todo esto? Entonces debo recordarte el Principio #4 que dice: «No puedes resolver un problema con la actitud equivocada». Necesitas gente capacitada, pero como vamos a generar recursos y no a gastarlos, debemos buscar la actitud correcta.

¿Tienes la actitud correcta ante el problema? Si el problema que existe es contratar personal, entonces tengo que hacer que venga la gente a trabajar en el proyecto, sin esperar recibir un salario a cambio, pero que quiera compartir una idea que hará historia.

Además, la gente tendrá el beneficio de haber participado en hacer historia en el ramo que me voy a dedicar. ¿Cómo puedo lograrlo? Pues para esto existen varias soluciones.

Primeramente, debo venderles mi idea a personas idóneas con las cuales me gustaría poder trabajar. Estas personas pueden esperar más que un salario. Como van a ayudarme para que mi sueño se haga realidad, compartiré parte de las ganancias con ellos. Ya no serán empleados que simplemente quieran recibir un salario, sino soñadores como yo, que desean triunfar en la vida y que no se conforman con un salario, sino que quieren crecer más en esto. Quieren tener una vida en abundancia.

Bajo esta perspectiva, te cambiará el concepto. En lugar de ser mi sueño, es mejor que sea el sueño de muchos. ¿Por qué mejor no hacemos un directorio entre varias personas quienes tengan igual participación en el negocio, y cada una expone su sueño, lo analizamos entre todos y buscamos la solución con la actitud correcta?

Principio 18

Asóciate con hijos de Dios

En nuestros días hay muchos ejemplos de sociedades que comenzaron con soñadores. Puedo citar el comienzo de Microsoft, Google y otras compañías que crecieron como la espuma, demuestra que es posible reunirse entre varias personas con el mismo sentir y llegar a metas que aparentemente son inalcanzables. La Biblia dice:

«*Los pensamientos son frustrados donde no hay consejo; mas en la multitud de consejeros se afirman*» (Proverbios 15:22).

En la vida, todos tenemos sueños, todos tenemos anhelos, por qué mejor no nos juntarnos y ayudarnos mutuamente como partes de un cuerpo, el cual a través de las coyunturas trabaja en armonía para el beneficio de todos.

Pero, ¿a quiénes debo buscar? Esta pregunta es muy importante.

Debo buscar personas que me puedan complementar en lo que yo busco. Haz una lista de las personas que necesitas. Invita personas que sé que tienen estos talentos e intégralos a este grupo de trabajo. Ya no será *mi* grupo de trabajo, sino que será *nuestro* grupo de trabajo. Debe ser homogéneo, es decir, en todos debe haber un mismo sentir.

«Por lo demás, hermanos, tened gozo, perfeccionaos, consolaos, sed de un mismo sentir, y vivid en paz; y el Dios de paz y de amor estará con vosotros» (2 Corintios 13:11).

Hay que establecer reglas claras, para que en el momento de la tormenta, todos puedan llegar a un acuerdo. Si no se establecen reglas claras desde un principio, en el momento que arrecien los problemas, llegará el caos y no podrán salir adelante con el proyecto. En este cuerpo directriz, todos deben ser de un mismo sentir, para que puedan consolarse, perfeccionarse y tener gozo. Puedes invitar a todas las personas que creas necesario, pero deben tener tu mismo sentir. Una lista mayor a 10 personas no es aconsejable.

Este directorio tiene que seguir todos los principios que he mencionado. Por esta razón, todos deben tener el ánimo de compartir y deben tener claro que si no siembras, no cosechas. Todos deben estar asociados con Dios personalmente. Si alguien no cree en el 100% de los principios indicados en este libro, no tiene el mismo sentir que tú y, por ende, no puede pertenecer a tu directorio. Por esta razón, el principio que debes aprender es:

**Principio #18
Asóciate con hijos de Dios**

La Biblia es clara al decir:

«No os unáis en yugo desigual con los incrédulos; porque ¿qué compañerismo tiene la justicia con la injusticia? ¿Y qué comunión la luz con las tinieblas?» (2 Corintios 6:14).

Algunos me dirán que este versículo está sacado de contexto; que se debe aplicar para un matrimonio. Aquí se está hablando de un yugo. Un yugo es una sociedad y en eso aplica el matrimonio, que es una sociedad indisoluble, porque claramente dice la Biblia que lo que Dios unió no lo debe separar el hombre. Pero si entramos en una sociedad, también entramos en un yugo. No nos estamos refiriendo a que trabajemos solamente con personas que sean hijos de Dios. Estamos indicando que si vamos a formar parte de una sociedad, de un yugo, debemos asociarnos sólo con hijos de Dios.

Cuando el proyecto crezca y necesitemos contratar personas que trabajen para nosotros y reciban un salario, entonces sí podemos pensar en aquellas que sean idóneas para el puesto que necesitemos cubrir y pensar en personas que aún no tienen a Jesús en su corazón. Sería hasta recomendable pensar en ellos para que puedan ser impactados por tu vida y llegar a tener el regalo más grande que Dios nos dio por medio de su hijo para que lleguen al conocimiento de Él.

Pero en nuestro directorio, entre las personas que formarán parte de la sociedad no puede haber personas que no tienen nuestra misma manera de pensar. No pueden existir personas que no tienen claros los principios bíblicos. No puede haber personas que desconocen que dando al pobre, le están prestando al mismo Dios. No puede haber personas que no saben que contribuyendo a proyectos misioneros, en los cuales la Palabra de Dios será expandida a todo el mundo, está una siembra enorme que Dios recompensará. Evita problemas desde el principio. No sirve cumplir el 80% o 90% de estos principios y quebrantar los restantes. En el futuro no tendrás éxito, sino dolores que quiero evitarte.

Al tener establecido el directorio, una buena forma de comenzar es reunirse a leer juntos este libro, cada principio y comentarlo entre todos, hasta que esté completamente claro. Al mismo tiempo, establecer las bases y reglas de juego sobre las cuales van a asociarse. Cuando lleguen a leer los principios sobre establecer metas, todos deben participar contando sus sueños y metas. Cada persona tiene sueños y metas y ese es el momento de conversar sobre ellas. La historia de Russell H. Conwell es increíble. Busca en Internet sus discursos y léanlos entre todos.

Russell Conwell vivió entre finales del siglo XIX y principios del siglo XX. En un breve resumen de su discurso, describió la historia de Ali Hafed, un próspero granjero árabe que dedicó toda su vida y dinero a buscar por todo el mundo una mina de diamantes para hacerse rico. Y luego de gastarlo todo, finalmente murió lejos de su granja sin encontrar dicha mina. Poco tiempo después de su muerte, se encontraron minas de diamantes en la propiedad que pertenecía a Ali Hafed. Había tenido los diamantes justo debajo de él. Sin embargo, gastó su vida, juventud y fortuna buscando los diamantes que ya estaban bajo su propiedad. Él ya era dueño de la mina de diamantes y salió a buscarla en otras partes.

La moraleja de esta historia pretende enseñarte que ya estás parado sobre la mina de diamantes, sólo debes comenzar a desenterrarla. No busques en otro lado, sino donde estás en este momento. Dios te ha dado los recursos y te ha provisto de gente valiosa que está a tu lado para que comiencen a sacar los diamantes. No necesitas ir a otro lugar, estás parado encima de tu tesoro ahora mismo.

Cuando Conwell escuchó esta historia era corresponsal de American Traveler en la Mesopotamia. Un guía de la región que entretenía a los turistas con historias como éstas lo contó. Conwell quedó tan impresionado con dicho relato que cuando regresó a Estados Unidos comenzó a dar conferencias acerca de esta historia. Aunque llegó a escribir casi

40 libros, se le recuerda por su conferencia sobre la mina de diamantes, ya que la presentó en más de 6,000 ocasiones por toda la nación americana.

Una tarde de 1884, un joven que quería comenzar a estudiar para llegar a ser un ministro cristiano, se le acercó a Conwell para pedirle que lo preparara. Acordaron reunirse una vez por semana, y poco tiempo después ya tenía varios alumnos. Contrató luego un cuarto donde dar la charla y siguieron añadiéndose personas a la clase de Conwell. Pocos años después, se había creado el Temple College.

Hoy en día, es una universidad que alberga más de 30,000 alumnos y está entre las 50 mayores universidades de Estados Unidos. Los restos de Russell Conwell están enterrados en dicho sitio. Allí él había encontrado su propia mina de diamantes.

En este momento, tú también estás sobre una mina de diamantes, justo debajo de ti. Recuerda el milagro que hizo nuestro Señor Jesús con los cinco panes y dos peces. ¿Qué eran esos pocos panes y peces para alimentar 5,000 personas? A nuestros ojos y a nuestra lógica era absolutamente nada. Pero estaba presente el Hijo de Dios, el Creador del universo. Él es el que hace la diferencia. Lo importante no son los cinco panes y dos peces, eso es todo lo que necesita nuestro Dios para hacer el milagro ahora mismo. Eso es todo lo que Él quiere para que puedas ver, porque la victoria no es de aquel que corre más fuerte, ni del que tiene más recursos, sino del que Dios tiene misericordia. Él te creó y puso en tu mente y cuerpo habilidades que son únicas y que nadie más las tiene en las dosis y mezcla que puso en ti. Además, te puso en el lugar donde te encuentras, rodeado de circunstancias que a veces parecen adversas, pero que te han enseñado cómo proceder en la vida. Son circunstancias que hacen de ti alguien con una experiencia y visión única en este mundo. No existe otro ser humano con dichas condiciones. Ahora es tiempo que comiences a aprovecharlas. Comienza a excavar en tu sitio, para que salgan los diamantes que serán de bendición para tu vida y para los que te rodean. Los que te han hecho mal ya quedaron atrás. Aún ellos han sido de bendición. La Biblia dice que a los que aman a Dios todas las cosas les ayudan para bien. Y también dice que Dios ha hecho al malvado para el día malo.

«Todas las cosas ha hecho Jehová para sí mismo, Y aun al impío para el día malo» (Proverbios 16:4).

Aunque parezca muy difícil de entender, aún el malvado trabaja para los fines de Dios. Sé que no es sencillo aceptar lo que estoy diciendo, pero trata de pensar en las cosas malas que te han ocurrido. Dichas cosas han contribuido a formar tu carácter. Te han hecho del temple que eres ahora. Te dieron la experiencia que hoy tienes y han hecho de ti una persona equipada para salir adelante y ayudar a otros a crecer.

Perdona a los que te hirieron. Olvídate de ellos y pídele a Dios que tenga misericordia. Tal vez sean parte de una cadena de maldad que llegaron a recibir heridas de otras personas. Tu deber es cortar esa cadena, terminar con dicha secuencia y mirar hacia adelante.

Haz una oración ahora mismo y pídele a Dios que te perdone, así como también tú perdonas a los que te han ofendido. Debes usar esas situaciones de tu vida, malas y buenas, como recursos para multiplicar la bendición que Dios te dará. Usa esas situaciones como los cinco panes y dos peces para que la presencia de Jesucristo en tu vida la multiplique para alimentación de multitudes.

Principio 19

Escribe

Y Jehová me respondió, y dijo: Escribe la visión, y declárala en tablas, para que corra el que leyere en ella.
—HABACUC 2:2

Si ya has reunido un grupo de hijos de Dios con los que te has asociado y tuvieron las primeras reuniones en las cuales han revisado los principios enumerados en este libro, el siguiente paso es comenzar a escribir los sueños. Cada uno de ellos tiene sueños y puede compartirlos con el grupo, y comenzar a pensar cómo llevarlos a cabo.

Estoy seguro que ya han establecido su compromiso con Dios como uno de los primeros pasos. Luego debes establecer las reglas claras y reglamentos con lo que se regirán. Escribe todas las reglas de juego. Escribe. Otra vez sugiero: Escribe.

El nuevo principio es:

> **Principio #19**
> **Escribe**

No importa si el proceso es más lento o tedioso. Es mejor tener todo por escrito y que cada uno pueda luego analizar

124

cada punto con detenimiento. Las reglas del juego sobre las que se regirán deben ser escritas al igual que cada una de las funciones y responsabilidades de los miembros. Luego deben analizarlas, discutirlas y aprobarlas por unanimidad. Una vez que todos estén de acuerdo y tengan todas sus dudas aclaradas, pueden hacerla ley.

En cada grupo debe haber personas conservadoras que nos harán ver los problemas que pueden presentarse en el camino. También debe haber personas que nos entusiasmen con cada idea que se les ocurra y que quieren iniciar al siguiente día todas las ideas que tratan en la mesa. Es bueno que exista un balance de todos los caracteres.

Algunos del grupo seguramente tendrán el don de liderar las reuniones, mientras que otros serán excelentes para concretar metódicamente las resoluciones que se tomen en las reuniones.

Todas las ideas que se generen deben ser analizadas, y las que queden como prioritarias deben comenzar a ser escritas. Escribir ayuda a recordar y a visualizar con detenimiento las metas y objetivos que se seguirán.

Luego, deben establecer grupos de investigación para detectar la factibilidad del proyecto. Aquí podemos jugar a los chicos buenos y malos. Un grupo cumplirá el rol de chicos buenos, los cuales investigarán (y otra vez damos gracias a Dios por la Internet) todas las cosas buenas del proyecto, la factibilidad de hacerlo con escasos recursos o sin ellos, el potencial de mercado que existe y las ganancias enormes que se pueden conseguir. Este grupo también investigará dónde se pueden adquirir las bases de datos de los clientes potenciales y los métodos en que se puede llegar a sus hogares o computadoras.

El grupo de los chicos malos deberá investigar todos los puntos adversos a la idea. Tendrá que estudiar las compañías que lo han intentado y que no lograron llevar con éxito su empresa en este tema. Analizará los grandes costos en que se pueden ver involucrados y los imprevistos con los que se pueden encontrar.

Ambos grupos deben tener la particularidad de intercambiar conocimientos. No se trata de una competencia entre ambos, sino poder analizar qué tan buena puede ser la idea. Las dos comisiones deben ser hechas voluntariamente. Las personas que piensan que la idea es excelente deberían participar con los chicos buenos, mientras las personas que tienen sus dudas deben ir con los chicos malos. Recuerden que ambos grupos buscan el bienestar de todos, así que la camaradería debe seguir reinando para que todos salgan ganando.

Una vez que la idea es planteada y analizada con la investigación de ambos grupos, se comienzan las deliberaciones y se llega a una conclusión: Entrar o no a la fase de ejecución de la idea. Si la idea no es aprobada, se archiva para un futuro replanteo. Quizás no es el momento adecuado para llevarla a cabo, pero puede ser una idea que dé mucho fruto en el futuro.

La idea aprobada es entonces llevada a la parte de ejecución. Es este el momento de pensar cómo lo harán. Deben establecer las estrategias para llevar a cabo los planes. Recuerda que debes escribir absolutamente todo. Establece otra vez las responsabilidades de cada persona y entrégaselas por escrito. Establece planes de acción, estrategias a seguir, puertas donde tocar, obtención de recursos, y otras más. Obsérvalo con los siguientes ejemplos.

El grupo establecido por Juan, Carlos, Diego, Susana y María acordaron investigar la idea de enviar por la Internet un tipo de dieta que a Susana le dio excelentes resultados.

Susana, María y Carlos estuvieron muy entusiasmados con la idea, ya que la habían probado ellos mismos y habían bajado de peso. Susana había perdido 30 libras por medio de una mezcla de una serie de dietas que había seguido. Por su propia experiencia se había dado cuenta que no basta con no comer o cuidarse de los carbohidratos. Había hecho una mezcla de comida sana con control de carbohidratos y de comida diaria con control en calorías que la habían hecho perder peso rápidamente, así que planteó la idea en el grupo.

El grupo de los chicos buenos fue establecido con Susana, María y Carlos, mientras que el grupo de los chicos malos estuvo integrado por Diego y Juan. Todos se pusieron a investigar dicha tarea y abordaron con avidez las páginas de la Internet que hablaban sobre el tema.

En la reunión para presentar sus investigaciones, los chicos malos comenzaron con su informe. Habían buscado por medio de los motores de búsqueda de la Internet y encontraron que había más de 12 millones de páginas sobre métodos de dietas. Aunque reconocían que había interés en las personas por las dietas, veían que era demasiada la competencia como para que tuvieran algo de éxito.

Luego habían notado que las 10 dietas más famosas que existían tenían grandes costos de publicidad en todos los medios de comunicación, lo que hacía imposible para ellos poder competir con los grandes monstruos ya creados para esta idea. Por último, se dieron cuenta que debían tener mucho equilibrio en las recomendaciones hechas al público, porque el gobierno estaba detrás de muchos estafadores que se habían infiltrado entre las compañías serias que ofrecían dietas científicamente probadas. Además, tenían sólo la misma corazonada que Susana de que todo marcharía bien, y por el solo hecho de que a Susana le dio resultado, no había garantía de que les funcionara a otras personas, y eso pondría en riesgo su continuidad.

Cuando le llegó el turno a los chicos buenos, informaron que habían encontrado una compañía que les ofrecía ponerlos en su servidor con una página web para promocionar su producto, haciéndolos llegar a los primeros sitios de los motores de búsqueda por una insignificante suma de dinero al mes. Este sería prácticamente todo el costo del proyecto.

Luego debían agregar el costo de una base de datos de personas que tenían interés en dicho tema y, finalmente, el paquete de software para poder tomar pagos con tarjetas de crédito por la Internet. Estos costos eran realmente insignificantes y sencillos de asumir por el grupo.

También habían indagado en datos estadísticos que más de la mitad de la población en Estados Unidos sufría de sobrepeso, y que el 95% de ellos estaban preocupados por la dieta. Esto establecía un mercado potencial de más de 150 millones de personas sólo en los Estados Unidos de América.

También habían hablado con una clínica que les ofrecía asociarse con ellos para que las personas que se afilien a su programa puedan consultar a sus profesionales. Esto no implicaba un costo fijo, sino una participación pequeña en las ganancias del proyecto.

Como estrategia, sugerían dar las dos primeras semanas totalmente gratis para que las personas puedan ver los resultados de su sistema y cobrar por la información sobre el resto del programa. Todo eso determinaba un precio de $15.00 por persona, con consultas gratis al archivo de preguntas frecuentes. Si necesitaban de la ayuda de un profesional por la Internet, deberían pagar $5.00 adicionales por cada una de las consultas. Habían determinado que el porcentaje de preguntas estaba en el orden del 5% de las personas suscritas, por lo que necesitaban un dietista contestando unas 20 preguntas diarias por cada 400 personas inscritas. Si el margen de tiempo para contestar una pregunta era de dos semanas, se podía tener un dietista por cada 4,000 personas. En otras palabras si 4,000 personas habían pagado $15.00, se necesitaba un dietista por cada $60,000.00 de ingreso a la compañía.

Luego se estableció que por cada referido se le hacía un abono de $5.00 a la persona suscrita, con lo que una persona podía estar gratis en el sistema inscribiendo a tres personas más, y si esta persona inscribía más personas comenzaría a tener un ingreso adicional trabajando desde su casa. Con este método, tendrían un ejército de vendedores pagados bajo comisión sin tener gastos de salarios.

Luego de varias deliberaciones y discusiones amenas, acordaron seguir con el proyecto. Establecieron las estrategias enumeradas en el informe del grupo de los chicos buenos y escribieron toda la metodología. Establecieron el cronograma de trabajo y las responsabilidades de cada uno.

Carlos se encargaría de contratar los servicios de la compañía donde pondrían su página web. Esta misma compañía haría el diseño de la página para que fuera atractiva. María y Susana hablarían con el abogado que los representaría para la elaboración del contrato con la clínica, y contratarían una línea especial que daría ciertas respuestas a las preguntas más frecuentes de las personas que llamaran a un dietista. Diego buscaría el paquete de software adecuado y hablaría con el banco para el cobro de las tarjetas de crédito por la Internet.

Cuando llegó el primer día en que la página se lanzaba, el grupo se reunió en la casa de Susana. Diego llevó lasaña especial de bajo contenido en calorías y abrieron el computador. Inmediatamente, el contador de personas entrando a la página comenzó a detectar las que ingresaban. La entrada del primero pareció eterna. En realidad pasaron sólo 10 minutos, pero con el correr de los segundos parecía que todo iba hacia el fracaso. Luego que entró el primero, el segundo se demoró 4 minutos, pero luego fue el tercero, luego el cuarto e inmediatamente el contador comenzó a girar como una rueda de bicicleta de un ciclista apremiado por llegar a la meta en el último tramo de la competencia. Sólo el primer día habían entrado a la página 9700 personas, de las cuales 450 habían abonado $15.00, lo que daba en caja un total de $6,750.00 con lo que se había cubierto todos los gastos realizados.

Luego del primer año de trabajo, la compañía había llegado a tener 400,000 personas que habían comprado el sistema y más de $4,800,000.00 de ganancias. Cada una de las personas que había estado dispuesta en este grupo tenía una utilidad de casi $1,000,000.00 sólo en este año. Ahora comenzaban a pensar en entrar en las grandes ligas de las compañías que promocionan dietas. La mina de diamantes había estado bajo sus pies.

Principio 20

No te asocies con personas sin fe

Y no hizo allí muchos milagros, a causa de la incredulidad de ellos.

—MATEO 13:58

En el capítulo anterior, establecimos las estrategias a seguir y las características de las personas que pertenecerán al grupo del proyecto. Sugerí que en este grupo debía haber personas conservadoras que nos hicieran ver los problemas que podían presentarse en el curso de desarrollo del proyecto.

Una persona conservadora no significa una persona incrédula. Hay una diferencia enorme entre una y otra. Conservadora significa que analiza en una forma más calmada los pros y contras de un proyecto, y luego establece un plan de acción.

La gente incrédula se diferencia por darle cabida a la duda. La duda mueve cada pensamiento de esta persona, es el combustible que hace mover cada una de sus acciones.

131

«Pero sin fe es imposible agradar a Dios, porque es necesario que el que se acerca a Dios crea que él existe y que recompensa a los que lo buscan» (Hebreos 11:6).

No existe posibilidad de que te asocies con gente que no cree en Dios. ¿Cómo puedes ser socio de Dios y al mismo tiempo socio de gente que no tiene fe en Él? Un reino dividido no puede prevalecer. Tu proyecto no saldrá adelante si tienes gente sin fe. Puede que cumplas todos los demás puntos, pero sin este principio no tendrás éxito. Un poco de levadura leudará toda la masa. Un poco de incredulidad arruinará todo el proyecto. El mismo Señor Jesús no hizo muchos milagros donde había incredulidad. Dios prefirió no hacer milagros ante esta situación. ¿Cómo Dios te puede bendecir si tienes a alguien en tu equipo que no cree en Él?

El equipo tiene que tener un mismo sentir; debe tener los mismos objetivos, seguir el mismo rumbo. Si hay personas con dudas, es mejor que las saques del proyecto. La duda será el cáncer que puede acabar con tu equipo. La duda es la manzana podrida que infectará todo tu grupo.

Por lo tanto, el Principio #20 es:

Principio #20
No te asocies con personas sin fe

«Porque de cierto os digo que cualquiera que dijere a este monte: Quítate y échate en el mar, y no dudare en su corazón, sino creyere que será hecho lo que dice, lo que diga le será hecho» (Marcos 11:23).

Si no hay duda en tu corazón puedes mover montañas. Si no existe duda en tu grupo, puedes mover las cosas más

132

grandes y despejar tu camino. Aunque tengas grandes obstáculos delante de tu proyecto, la fe los moverá todos. Lee el capítulo 11 de Hebreos. Mira cómo tantas personas se mantuvieron en la fe y conquistaron reinos, taparon bocas de leones y se enfrentaron a todas las cosas que le vinieron por delante. Si Dios está contigo, ¿quién podrá hacerte frente? ¿Qué problema será tan grande que Dios no lo pueda resolver?

«En Dios haremos proezas, y él hollará a nuestros enemigos» (Salmo 60:12).

El pueblo judío existe gracias a que un hombre de edad avanzada le creyó a Dios: Abraham. Dios le dijo: «Sal de tu tierra y de tu parentela y ve a una tierra que yo te mostraré» (ver Génesis 12:1). Luego le prometió que le daría un hijo y que sus descendientes serían tan numerosos que no se podrían contar. Abraham estaba casado con Sara, pero ella era estéril. Ya ambos eran ancianos y no tenían hijos. Además, la Biblia dice que Sara ya había perdido la costumbre de las mujeres. No existía posibilidad humana. No había solución. Pero Dios lo había prometido. Él no podía contradecirse.

«El cielo y la tierra pasarán, pero mis palabras no pasarán» (Mateo 24:35).

Dios había prometido un hijo a Abraham y lo cumpliría. Pasaron años entre la promesa y el nacimiento de Isaac. Pero Abraham se mantuvo viendo al Invisible. Con gente de fe se harán proezas. No importa si la economía del mundo o la economía de tu país están muy mal. No tiene que ver nada esto con la fe. Las personas se mantienen en fe, porque sus ojos están puestos en el Invisible.

Si en tu equipo hay personas que no son de fe, a la larga contaminarán a los demás. Tales personas no pueden estar en tu grupo porque serán como un ancla para tus sueños.

«Pero pida con fe, no dudando nada; porque el que duda es semejante a la onda del mar, que es arrastrada por el viento y echada de una parte a otra. No piense, pues, quien tal haga, que recibirá cosa alguna del Señor» (Santiago 1:6-7).

Dios siempre cumplirá su Palabra. Él hará tal y como lo ha dicho. Si declara que no dará absolutamente nada al que duda, lo cumplirá. La fe es ver al Invisible. Debemos confiar que Dios es nuestro socio y que Él recompensa a los que lo buscan.

Dios ha establecido prosperidad para su pueblo siempre que andemos en sus propósitos. Sus promesas de prosperidad siempre tienen condicionantes. Él no dice que te va a prosperar solamente. Dios dice que te prosperará siempre que cumplas los principios que ha establecido, y que ya hemos enumerado ampliamente.

Es normal que todos sintamos temor ante los problemas que se nos avecinan. Esto no tiene que ver con la duda. Como seres humanos somos débiles, y es bueno que ante situaciones difíciles sintamos temor porque somos débiles. De esta forma siempre sabrás que sin Dios no podrás hacer proezas. Él usa tu debilidad para perfeccionar su poder en ti.

«Y me ha dicho: Bástate mi gracia; porque mi poder se perfecciona en la debilidad. Por tanto, de buena gana me gloriaré más bien en mis debilidades, para que repose sobre mí el poder de Cristo» (2 Corintios 12:9).

Porque cuando eres débil, entonces eres fuerte. Pero eres fuerte por el poder de Dios que habita en ti. De esta forma siempre estarás buscando su rostro. Siempre dependerás de Él. Lo buscarás de mañana y de noche, entonces todo te saldrá bien, y Él hará prosperar tu camino. Tu debilidad permite que Dios sea el que se encargue de todos tus problemas. Entrégale tu problema a Dios, confía en Él y Él hará. Luego que hayas buscado su rostro y confiado en que Dios lo resolverá, desecha la duda. Acepta la paz de Él en tu corazón, paz que sobrepasa todo entendimiento, paz inexplicable para las personas que no tienen una relación personal con el Creador. No des más cabida a la duda porque estos son los dardos del maligno con los cuales quiere robarte la bendición que Dios tiene preparada para ti.

Si tú crees esas bendiciones y no das cabida a la duda, se harán realidad. Si permaneces fiel y en tu equipo no existen personas sin fe y de doble ánimo, tus sueños se harán realidad.

CUARTA LEY

LOS PRINCIPIOS DEL REINO

Principio 21

Teme a Jehová

*Y dijo al hombre: He aquí que el temor del Señor es
la sabiduría, Y el apartarse del mal, la inteligencia.*
—Job 28:28

Hemos llegado a la última ley de este libro, por lo tanto es recomendable que comiences a leer el libro de los Proverbios. Si además de tu lectura diaria de la Biblia, le adicionas un capítulo de Proverbios por la mañana y otro capítulo en la noche, habrás leído Proverbios en menos de un mes.

Este libro fue escrito por la persona más sabia que ha existido sobre la faz de la tierra. Pero además de haber sido la más sabia, fue la más rica que ha existido en toda la historia de la humanidad. No ha habido riqueza comparable a la que tuvo el rey Salomón, ni existirá jamás otra comparable a ella.

Una vida en abundancia es una vida que sigue principios del Reino, una vida que se lleva con mucha sabiduría. La sabiduría es la que te debe guiar en todos tus actos.

Principio 21

«*Con sabiduría se edifica la casa, con prudencia se afirma y con ciencia se llenan las cámaras de todo bien preciado y agradable*» (Proverbios 24:3-4). Con sabiduría se edifica la casa. Para construir una casa, en primer lugar se necesitan los planos, los cuales deben ser aprobados por el condado donde se va a construir. Estos deben seguir una serie de reglas para que la construcción sea segura para los que la habitarán y para el público en general. Estas reglas han sido analizadas por personas preparadas que han estudiado una serie de lineamientos que hacen que dicha casa sea habitable. En todo esto hay sabiduría, es decir hay inteligencia más prudencia. Con sabiduría es que se debe edificar. No hacemos una casa yendo a un almacén de venta de clavos, madera, cemento, etc. y comenzamos a poner una cosa encima de otra. De esta forma, la construcción no resistirá y tarde o temprano se caerá.

Si quieres tener una vida en abundancia debes adquirir «sabiduría». Pero, ¿qué es sabiduría? Es el uso de la inteligencia conjuntamente con la prudencia. La Biblia define la sabiduría como el temor del Señor. Ahora bien, ¿qué es el temor del Señor? ¿Es acaso temer a que por cada cosa mala que haga Dios me va a castigar? Pues esa no es exactamente la definición.

El temor del Señor es practicar sus mandamientos. Dios nos ha dado mandamientos por amor hacia la humanidad. Él dejó su Palabra escrita para que nos vaya bien en este mundo. No nos ha dejado sus mandamientos para encasillarnos, sino para que no tengamos aflicciones. El mundo está lleno de aflicciones, pero Dios ha querido siempre evitárnoslas.

139

«El principio de la sabiduría es el temor de Jehová; buen entendimiento tienen todos los que practican sus mandamientos; su loor permanece para siempre» (Salmo 111:10).

Jesús dijo que en dos mandamientos se cumple toda la ley. El primero de ellos es: «Amarás al Señor tu Dios con todo tu corazón, y con toda tu mente y con toda tu alma» (ver Marcos 12:30). Amarás a Dios por sobre todas las cosas. Todo lo que hagas debe ser por amor a Él. Dios te ama tanto que dio a su Hijo unigénito para que seas salvo. Él lo entregó todo. No ha habido más grande amor que éste. Este es el primer gran mandamiento.

El segundo mandamiento es similar: «Amarás a tu prójimo como a ti mismo» (v. 31). Como tú te amas, no quisieras sufrir. No quisieras que alguien te robe o que te lastime. Sólo a las personas que están enfermas emocionalmente les gusta sufrir. Por esta razón, no puedes hacer sufrir a las personas que te rodean. No puedes robarle a tú prójimo, no puedes mentirle, no puedes engañarlo, no puedes codiciar su mujer y no puedes hacer nada que no te gustaría que te hagan a ti.

En estos dos mandamientos se cumple toda la ley y en ellos radica el temor del Señor. Si quieres tener buen entendimiento, cumple y practica sus mandamientos. Esto es todo lo que el Señor te pide. Jesús dijo que su yugo era fácil y ligera su carga. Si en verdad has decidido tener una vida en abundancia, entonces lleva este yugo que es fácil.

Por lo tanto el Principio #21 es:

> ## Principio #21
> ## Teme a Jehová

«El temor de Jehová es aborrecer el mal; La soberbia y la arrogancia, el mal camino, Y la boca perversa, aborrezco» (Proverbios 8:13).

Aborrece todo lo que es malo. En este caso, aborrecer significa que no lo puedes soportar; que no puedes estar donde existe la maldad, que no puedes asociarte con personas arrogantes, soberbias, que no puedes tener parte con el que se aprovecha del pobre. Que no puedes ser parte de una empresa donde la clase trabajadora es explotada y no se le paga lo que es digno o se los tiene por engaño. No puedes estar donde se aproveche de la necesidad de quien busca trabajo, de quien no tiene documentación y es explotado por personas inescrupulosas. Dios dará su paga a cada uno y la obra mala será revelada y llevada a juicio.

El temor de Jehová te hace bien. Hace que tu familia siempre esté contigo hasta tus últimos días sobre la faz de la tierra. Conozco personas que han llegado a tener mucho dinero, pero no tienen vida en abundancia. Sus hijos no están con ellos y sus días se han acortado. Mueren en la soledad sin su esposa e hijos, quienes terminan heridos y odiando a sus padres.

«El temor de Jehová aumentará los días; Mas los años de los impíos serán acortados» (Proverbios 10:27).

Para que te vaya bien y tus días no sean acortados, teme a Dios. Si no puedes manejar recursos, éstos harán que tu corazón se desvíe. En ese caso es mejor no tenerlos. Es mejor que no te afanes por ser rico. ¿Para qué quieres riquezas si ellas serán una maldición en tu vida? ¿Para qué quieres tener bienes si ellos harán que pierdas tu alma?

«Mejor es lo poco con el temor de Jehová, que el gran tesoro donde hay turbación» (Proverbios 15:16).

Es preferible que vivas una vida apacible, con el temor de Dios, a que tengas una gran fortuna y no estén tus hijos ni tu esposa contigo.

Si tu corazón no ha entendido la importancia de serle fiel a Dios y a sus mandamientos en lo poco, es preferible que esperes. Aprende a ser fiel a Dios en lo poco. Aprende a honrarle con tus pocos bienes primero. Si eres fiel en lo poco, en lo mucho te pondrá. Si no has aprendido a serle fiel en lo poco, Dios no te pondrá en lo mucho, porque te ama. Es por amor a ti que no lo puede hacer. Él quiere pasar la eternidad contigo, no que solo tengas una vida con mucha fortuna en esta tierra. Todo ese tesoro es nada comparado con las riquezas que Él ha preparado para sus hijos. Esta vida es un segundo comparada con la vida eterna.

«*Riquezas, honra y vida; Son la remuneración de la humildad y del temor de Jehová*» (Proverbios 22:4).

Sé fiel en lo poco, sé humilde y teme al Señor. Entonces Dios te pondrá en lo mucho.

Principio 22

Recorre la siguiente milla

*Pero yo os digo: No resistáis al que es malo; antes,
a cualquiera que te hiera en la mejilla derecha, vuélvele
también la otra; y al que quiera ponerte a pleito y
quitarte la túnica, déjale también la capa; y a cualquiera
que te obligue a llevar carga por una milla, ve con él dos.
Al que te pida, dale; y al que quiera tomar de ti
prestado, no se lo rehúses.*
—Mateo 5:39-42

*Pero yo os digo: Amad a vuestros enemigos, bendecid a
los que os maldicen, haced bien a los que os aborrecen,
y orad por los que os ultrajan y os persiguen; para que
seáis hijos de vuestro Padre que está en los cielos, que hace
salir su sol sobre malos y buenos, y que hace llover sobre
justos e injustos. Porque si amáis a los que os aman, ¿qué
recompensa tendréis? ¿No hacen también lo mismo los
publicanos? Y si saludáis a vuestros hermanos solamente,
¿qué hacéis de más? ¿No hacen también así los gentiles?
Sed, pues, vosotros perfectos, como vuestro Padre
que está en los cielos es perfecto.*
—Mateo 5:44-48

En el tiempo que vivió San Francisco de Asís, los sacerdotes católicos vivían con todo lujo y se tenía por poco su mensaje de pobreza. Cierto día, San Francisco se acercó al Papa Inocencio III y le pidió permiso para establecer su orden franciscana. Éste, al verlo mal vestido y sucio, le dijo que se fuera a vivir con sus hermanos los cerdos. San Francisco fue y habitó entre los cerdos por un tiempo. Luego, regresó al Papa y le dijo que había hecho como le había dicho, y volvió a pedirle permiso para formar su orden. El Papa impresionado le concedió la autorización y fue la segunda orden que se instauró en la Iglesia Católica.

Obviamente, no estoy de acuerdo con la forma de ver la vida de San Francisco de Asís, pero respeto su forma de pensar. La Biblia nos manda vivir dignamente y a ser prósperos, así como prospera nuestra alma. Pero la enseñanza que tenemos en este ejemplo es que San Francisco de Asís recorrió la siguiente milla. Él quería establecer su orden de frailes. Si ir a vivir con los cerdos haría que obtuviera dicho permiso, pues estaría dispuesto a hacerlo. Él tuvo un objetivo y lo persiguió sin importarle recorrer la siguiente milla que le pidieron. Además, aprendió tener mayor humildad en esta circunstancia de su vida.

Vemos cómo muchos proyectos no se llevan a cabo, porque no queremos recorrer la siguiente milla. Cuando se presentan las oportunidades no la recorremos, porque pensamos que no hace falta. Visualizamos una situación y no hacemos todo el trabajo que debemos hacer. El sistema del mundo se queda en este punto. Pero si recordamos las palabras de Jesús de que si nos están obligando a llevar carga por una milla, vayamos con ellos dos, esto significa que hagamos más de lo que nos piden. Vivamos y actuemos más allá de lo solicitado. En ello hay una bendición de lo alto. Lo natural en las personas es ir la primera milla, y algunos lo hacen hasta de mala gana. Tienes que aprender a ir pacientemente hasta la segunda milla. Allí es donde está la bendición. En la segunda milla es donde Dios hablará a tu mente y te clarificará las ideas. Dios te da la idea. Al desarrollarla más allá de donde lo hacen las personas comunes encontrarás lo que otras personas no ven. Servir a las personas más de lo que ellas esperan es recorrer la segunda milla. Sirve a todos los que te rodean sin esperar nada a cambio. Sirve más de lo que te piden.

En el ejemplo anterior del Principio 19, en el que Susana había encontrado una dieta que revolucionaría el mundo, ellos debían recorrer la segunda milla. La dieta de Susana funcionaba. Ella la había comprobado en su cuerpo y podía compartirla con todo el mundo. El grupo donde estaba Susana estuvo de acuerdo y buscaron las estrategias para ofrecerla por la Internet. Ellos podían tomar la decisión de hacer una página de Internet muy llamativa, enviar correos electrónicos a todas las personas interesadas en dietas, y esperar que dichas personas comenzaran a comprar su dieta. Sin embargo, decidieron caminar la otra milla. La ofrecieron gratis por las dos primeras semanas. Esto implicaba que darían a muchas personas algo sin recibir nada a cambio. Esa es una de las formas de caminar la siguiente milla. Esto hizo que muchas personas pudieran comprobar la eficacia de la dieta y luego comprarles el resto de la misma. El resultado ya lo mencionamos anteriormente.

«Si encontrares el buey de tu enemigo o su asno extraviado, vuelve a llevárselo. Si vieres el asno del que te aborrece caído debajo de su carga, ¿le dejarás sin ayuda? Antes bien le ayudarás a levantarlo» (Éxodo 23:4-5).

Otra de las formas de recorrer la otra milla es no pagar mal por mal. La misma ley mosaica que establecía el castigo de ojo por ojo y diente por diente establece que hagas el bien aún a tus enemigos. Si veían al asno del enemigo caído debajo de la carga, no podían pasar y dejarlo así. Debían detenerse y ayudarlo a levantarse. Dios ve todas tus acciones por pequeñas que sean, porque Él ve tu corazón. Si una persona necesita tu ayuda, sea de buen o de mal parecer, te caiga bien o no, debes ayudarla. El refrán «Haz el bien sin mirar a quién» aplica para cada situación de tu vida. Dale la mano a quien que te la pida. Si el ayudar hace que tengas que detenerte en tus quehaceres diarios, hazlo.

«*Cuando cayere tu enemigo, no te regocijes, Y cuando tropezare, no se alegre tu corazón; No sea que Jehová lo mire, y le desagrade, Y aparte de sobre él su enojo*» (Proverbios 24: 17-18).

«*Así que, si tu enemigo tuviere hambre, dale de comer; si tuviere sed, dale de beber; pues haciendo esto, ascuas de fuego amontonarás sobre su cabeza. No seas vencido de lo malo, sino vence con el bien el mal*» (Romanos 12:20-21).

Ten presente siempre que recorres la siguiente milla por amor a Jesús y por ejemplo a los demás. Si a quien se hizo tu enemigo le va mal, no te alegres. Pide misericordia a Dios por él para que vean los hombres que tú eres hijo de Dios. No te ayudará en nada la caída de tu enemigo. Tus proyectos saldrán adelante porque Dios quiere bendecirte y no porque a otro le vaya mal. Dios estará contigo bendiciéndote siempre, si cumples todos los principios que te he mencionado. No importa si las otras personas te quieren hacer mal. No podrán tocarte. Dios se encargará de ellos. Y cuando veas que les va mal, no te alegres.

Por lo tanto el principio que debemos aprender ahora es:

Principio #22
Recorre la siguiente milla

Recorre la siguiente milla con alegría, pensando que llevas la carga una milla adicional, sirviendo al Rey de los siglos, al único y sabio Dios.

No culpes a los demás por cada situación de tu vida. La mayoría de las personas viven culpando a sus adversarios de su falta de aptitud. Los comerciantes piensan que no vendieron lo suficiente por la competencia desleal de otros comerciantes. Los pastores piensan que las personas se van de sus congregaciones, porque otros pastores seducen a dichas personas y las alejan de la congregación a la cual asistían. Pasan desperdiciando su vida, viendo a los demás como los culpables de todas sus situaciones y alegrándose cuando ven tropezar a sus competidores. No compitas con nadie. Haz las cosas por amor al Señor. Dios no te ha mandado a competir.

Si otro comerciante te ganó una venta, bendícelo. Ya Dios tiene preparado algo mejor para ti. Recorre la siguiente milla en este proceso. Recórrela con alegría y sencillez de corazón. Analiza tus errores. No es culpa del otro competidor. Tal vez no diste la suficiente calidad o no fuiste sincero o amable, o cualquier otra cosa. Pero esto no fue un fracaso. Fue una bendición, porque aprendiste para el futuro. Ahora tienes mayor experiencia. Tienes más que dar. Bendice a tu adversario y sigue adelante.

Principio 23

Haz todo sin engaño

Pero Jesús le respondió: Deja ahora, porque así conviene que cumplamos toda justicia. Entonces le dejó.
—MATEO 3:15
Porque esta es la voluntad de Dios: que haciendo bien, hagáis callar la ignorancia de los hombres insensatos.
—1 PEDRO 2:15

¿Qué significa ser justo? La justicia del ser humano parece ser relativa. Lo que es justo para unos, para otros es injusto. En un juicio donde dos partes se están demandando. El juez dictamina un veredicto para impartir justicia, de acuerdo a las leyes del país. Sin embargo, una de las dos partes no sale contenta con el veredicto y muchas veces decide apelar a una instancia superior.

Con este ejemplo, quiero demostrar que la justicia humana es imperfecta. Entonces, ¿cómo podemos ser justos? Aunque las reglas del juego estén claras, en muchas ocasiones las interpretaciones de las mismas hacen que veamos un problema con diferente óptica que los demás y sintamos que no se ha hecho justicia con nosotros. Esto mismo sucede con las leyes. Para eso necesitamos a los jueces, para que basados en ellas impartan justicia. Pero aún así no todos están conformes y muchas veces pensamos que no se nos ha hecho justicia.

Podemos decir que una balanza es justa, siempre que la misma no haya sido adulterada y que los pesos que se utilicen sean justos. Si todo es correcto, entonces sabemos que la balanza dará el peso exacto. ¿Qué principio usa la balanza? Pues usa una ley establecida por Dios: la ley de la gravedad. Esta ley establece que todas las cosas son atraídas hacia el centro de la tierra, y dependiendo de los cuerpos atraídos hacia dicho centro, nos da un valor que los seres humanos llamamos peso. Solamente adulterando la balanza o los pesos que usemos podemos ser injustos, no hay otra forma. No podemos ser injustos adulterando la ley de la gravedad. Esta ley es inquebrantable porque Dios la dispuso así.

¿Cómo entonces podemos cumplir con toda justicia?

«Al que sabe hacer lo bueno, y no lo hace, le es pecado» (Santiago 4:17).

«He aquí, clama el jornal de los obreros que han cosechado vuestras tierras, el cual por engaño no les ha sido pagado por vosotros; y los clamores de los que habían segado han entrado en los oídos del Señor de los ejércitos. Habéis vivido en deleites sobre la tierra, y sido disolutos; habéis engordado vuestros corazones como en día de matanza. Habéis condenado y dado muerte al justo, y él no os hace resistencia» (Santiago 5:4-6).

Basados en la ilustración de la balanza, la forma en que podemos ser injustos es adulterando lo que tenemos en nuestras manos. Dios instauró leyes que son inquebrantables. Sólo podemos manipular las cosas que tenemos a nuestro alrededor. Dios estableció que actuemos con toda justicia.

Por ejemplo, Jesús no necesitaba ser bautizado. El bautismo que Juan llevaba a cabo a las orillas del río Jordán era para arrepentimiento de pecados. Por esto, Juan se negaba a bautizar a Jesús, porque él nunca pecó. Sin embargo, Jesús le contestó que era «conveniente», y remarqué esa palabra, para que se cumpliera todo lo que es justo ante Dios.

¿Qué es justo ante Dios? Pues hacer todo lo bueno. Si sabemos hacer lo bueno y no queremos hacerlo seremos injustos. La Biblia dice que esto es pecado, es decir que no agrada a Dios, y no hacer lo bueno es una transgresión a sus leyes.

Cumplir con toda justicia es hacer lo bueno. No importa si es tu enemigo, tu amigo o una persona que no conoces. Haz siempre el bien. Si una persona te pide pan, dale de comer. Si el hambriento busca tu ayuda, sírvele. Haz siempre el bien al que te rodea. No trates con engaño a la persona que comercia contigo. No lo defraudes. Si alguien está haciendo negocio contigo, si ha confiado en ti, no trates de engañarlo. Tarde o temprano saldrá todo a la luz y perderás un cliente y un amigo. Perderás una referencia para un negocio futuro. Siempre trabaja con la verdad. Siempre di la verdad. No engañes ni abuses de la confianza que se te ha depositado.

Tu sí siempre debe ser sí, y tu no siempre debe ser no, porque lo que es después de esto de mal procede. Cumple con los principios de Dios y sé honesto en tu trabajo. Cumplir toda justicia ante Dios es hacer lo bueno. No defraudes a nadie.

Aprende el principio que estamos mencionando:

**Principio #23
Haz todo sin engaño**

150

«*Los tesoros de maldad no serán de provecho; Mas la justicia libra de muerte. Jehová no dejará padecer hambre al justo; Mas la iniquidad lanzará a los impíos*» (Proverbios 10:2-3).

Si has cometido fraude con tu hermano y te has aprovechado de él, ve y haz como Zaqueo, que era un publicano recaudador de impuesto que se había aprovechado de su puesto para enriquecerse. Como lo hacían todos los recaudadores de impuesto de su época, pedían más de lo que exigía la ley y robaban a todo el pueblo. Eran despreciados por los demás judíos por ser agentes del imperio romano y por cobrar en demasía a los de su propia nación.

Pero cuando Jesús visitó a Zaqueo, éste se arrepintió de sus pecados y decidió devolver cuadruplicado lo que había cobrado de más. Jesús en ese mismo momento dijo que la salvación había llegado a esa casa.

Zaqueo no sólo se arrepintió, sino que restauró a su prójimo. Devolvió lo que había cobrado de más. Los tesoros hechos con maldad nunca traerán consecuencias buenas. Tarde o temprano, la muerte acechará y llegará a las personas que obraron de mala manera. Ve y reconcíliate con tu hermano y Dios te prosperará. Jehová no dejará que padezcas hambre si actúas haciendo el bien.

Recuerda que otro de los principios instaurados por Dios es el de la siembra y la cosecha. Si siembras engaño en tus negocios, tarde o temprano cosecharás con creces lo que sembraste. Es mejor que no hagas un negocio utilizando el engaño, y luego termines en las cortes de justicia. El juez no tendrá compasión de ti.

Si haces las cosas bien, al acostarte tendrás un descanso profundo. No estarás con el miedo del mañana pensando que el mal que obraste vendrá contra ti. No pagues mal por bien, sino vence con el bien el mal.

Siempre actúa pensando que estás dando un beneficio a la humanidad. Trata de hacer un negocio pensando que el precio es justo y que lo que estás ofreciendo al otro es de beneficio para él. Si piensas que el precio es injusto o que no es de beneficio para la persona que lo está recibiendo, entonces retrocede. Deja que otros cumplan con la injusticia. Tú siempre actúa con toda justicia.

¿Por qué he escrito este libro? Porque pienso que lo que he recibido de parte de Dios, otros lo pueden tener. Porque creo que le estoy haciendo bien a miles de personas que pueden cambiar su vida. Este libro puede ser de bendición para miles de hogares que pueden luego bendecir a otros con un efecto multiplicador que alcance a millones y millones de personas.

Si tu motivación es hacer el bien, Dios te va a recompensar siempre. Tenlo como un principio valioso, y tú y yo cambiaremos nuestra sociedad y el mundo.

Principio 24

Lo que cuenta para Dios es tu corazón

*Pero el que es rico, en su humillación; porque él pasará
como la flor de la hierba. Porque cuando sale el sol con
calor abrasador, la hierba se seca, su flor se cae, y perece
su hermosa apariencia; así también se marchitará
el rico en todas sus empresas.*
—SANTIAGO 1:10-11
*Sean vuestras costumbres sin avaricia, contentos con
lo que tenéis ahora; porque él dijo: No te desampararé,
ni te dejaré.*
—HEBREOS 13:5

Luego de haber aprendido todos los principios mencionados, quisiera reafirmar el motivo por el que deseas prosperar. La Biblia dice que Dios quiere prosperarte así como prospera tu alma. Pero ¿por qué quieres prosperar? ¿Cuál es tu motivación? Eso es lo que realmente cuenta ante Dios.

No te engañes, Dios no puede ser burlado, porque todo lo que siembres, de eso cosecharás. Dios conoce tu corazón. Cuántas veces he oído decir: «Si Dios me hace ganar la lotería, le regalaría la mitad a los pobres». Me dan mucha pena los que piensan así. No se dan cuenta que se engañan a sí mismos. Si nos pusiéramos a pensar un poco dichas personas deberían decir: «¿Por qué Dios me va a dar esa mitad con la que pretendo quedarme?». Luego puedes mirar la vida de muchas de esas personas. Ellos no cumplen los principios del Reino. Tratan de engañar a Dios aún en sus diezmos y ofrendas.

Mira la vida de aquellos que pretenden ser favorecidos por Dios. Negocian con Él, aún con su diezmo. Se llenan de razonamientos y cuentas extrañas para decir que dan más que el 10%. Sin embargo, en esas cuentas aparecen donaciones extrañas a familiares suyos, gastos que supuestamente incurren por amor a Dios, y otras cosas más. La Biblia es clara al decir que al que es fiel en lo poco, en lo mucho lo pondrá.

«Y su señor le dijo: Bien, buen siervo y fiel; sobre poco has sido fiel, sobre mucho te pondré; entra en el gozo de tu señor» (Mateo 25:21).

Si en lo poco que Dios te ha dado has sido fiel, si tu balanza siempre ha sido justa, si tus diezmos y ofrendas son dados en las primicias de tu cosecha, si lo has dado con alegría, si has seguido cada principio que te he enumerado, entonces Dios te pondrá sobre mucho.

Si Dios lo ha prometido, Él lo hará. Su palabra permanece para siempre. Si tu corazón es humilde y sencillo delante de Él y tu motivación es bendecir a la familia de Dios y esperar que Dios te bendiga para ser de bendición, entonces es seguro que te bendecirá. No va a fallar. Tu obra será manifiesta y recibirás recompensa.

«*La obra de cada uno se hará manifiesta; porque el día la declarará, pues por el fuego será revelada; y la obra de cada uno cuál sea, el fuego la probará*» (1 Corintios 3:13).

Si esta no ha sido tu actitud, si has actuado con engaño, si has mentido para hacerte de un negocio y has sido injusto con tu prójimo, arrepiéntete. Dios tiene misericordia, y su Palabra dice que pone nuestros pecados tan lejos de nosotros como está lejos el occidente del oriente. Arrepiéntete, y pídele perdón a Dios y a quienes les has fallado. Luego inicia tu vida con los principios correctos. Dios te recompensará y borrará todas tus faltas. Él está esperando. Jesús dice que está a la puerta llamando, si oyes su voz y lo dejas entrar, cambiará tu vida.

> ## Principio #24
> ## Lo que cuenta para Dios es tu corazón

Gracias a Dios mi vida es próspera, pero nunca debo olvidarme que todo lo que hago es para Él. Yo solamente soy un administrador. Las inversiones que ahora hago son pensando en que sean de bendición para mi familia, para mí y para los que me rodean. Hay inversiones que financieramente parecen no tener ninguna retribución. Pero bendicen a otras personas. Estas inversiones siguen el principio de que le estoy dando a Dios. Cuando le doy a una persona con necesidad estoy haciendo tesoros en el cielo. Esto es una inversión. Son tesoros eternos en el cielo. Dios me recompensa. Mucha gente no entiende esto, pero para Dios cuenta cómo está mi corazón.

Vivo una vida en abundancia, porque he aprendido estos principios y los comparto para que también tú puedas vivir en ellos. No tienes necesidad de moverte de tu país. Estos principios se aplican en África como en América, en Asia o en cualquier otra parte del mundo. En los Estados Unidos también hay gente necesitada. En tu país también hay gente próspera. Gente que sigue los principios establecidos por Dios sin saberlo y por eso son bendecidos. No tengas envidia de quien haya hecho sus riquezas de una mala manera. Su castigo está pronto. Pero la bendición de Jehová trae alegría, y en ella no hay tristeza.

Dios no tiene necesidad de que seas próspero. Si no tienes un corazón de servicio hacia Dios entonces no le sirves. Lo que Él quiere es tu corazón, quiere que pases con Él toda la eternidad. Para eso envió a su Hijo a morir a la tierra en una cruz, para que nadie se pierda sino que todos procedan al arrepentimiento. Este es el gran objetivo de esta vida.

Dios no necesita tu dinero. Él quiere tu alma, y te prosperará si eso es de beneficio para ti y para los que te rodean. Él no necesita el dinero de nadie, es el dueño de todo el oro y la plata. ¿Por qué te haría próspero si eso implica que pierdas tu alma?

Dios es un Padre amoroso que no te va a dar algo que te haga daño. Un padre amoroso no le daría un cuchillo a un niño de cinco años. Pero sí le daría el mismo cuchillo a un hijo mayor que lo necesita para cortar los alimentos que se va a servir.

«¿Qué padre de vosotros, si su hijo le pide pan, le dará una piedra? ¿O si pescado, en lugar de pescado, le dará una serpiente? ¿O si le pide un huevo, le dará un escorpión? Pues si vosotros, siendo malos, sabéis dar buenas dádivas a vuestros hijos, ¿cuánto más vuestro Padre celestial dará el Espíritu Santo a los que se lo pidan?» (Lucas 11:11).

Lo importante son las cosas espirituales, no las materiales, porque son pasajeras y el día que te vayas de esta tierra se quedarán aquí. Puedes ver cuántas fortunas se forjaron con tanto esfuerzo y dedicación. Gente que trabajó toda su vida para elaborar fortunas y cuando se murieron, los herederos hasta se mataron por ellas. Luego de una o dos generaciones ya no quedaba nada. Salomón fue el hombre más rico que ha existido en la tierra. ¿Dónde están sus herederos? Ni siquiera sabemos quiénes son, peor sería que siga esa fortuna en manos de ellos.

¿Dónde están los herederos de los ricos de hace 200 años? ¿Dónde están sus fortunas? Hace 100 años, Rockefeller fue el hombre más rico. Hoy, sus herederos no son multimillonarios. Esperemos que pase otra generación para ver dónde quedarán. Si el hijo de algún millonario siguió siendo millonario fue por su propio esfuerzo, dedicación, y porque algunos, sin saberlo, aplicaron los principios que Dios ha establecido.

«No os hagáis tesoros en la tierra, donde la polilla y el orín corrompen, y donde ladrones minan y hurtan; sino haceos tesoros en el cielo, donde ni la polilla ni el orín corrompen, y donde ladrones no minan ni hurtan. Porque donde esté vuestro tesoro, allí estará también vuestro corazón» (Mateo 6:19-21).

¿Cómo hacer tesoros en el cielo? Cumpliendo los mandamientos de Dios. Siguiendo los principios que te he enumerado. Buscando de Dios todos los días, caminando con Jesús diariamente, al levantarte y acostarte. Teniéndolo presente cada día de tu vida. Proveyendo para el necesitado. Dando tus diezmos y ofrendas para que el evangelio siga siendo difundido. Para que las buenas nuevas de salvación lleguen a quien no conoce de Jesús.

«No te afanes por hacerte rico; Sé prudente, y desiste.
¿Has de poner tus ojos en las riquezas, siendo ningunas?
Porque se harán alas como alas de águila, y volarán al cielo»
(Proverbios 23:4-5).

¿Dónde está tu corazón? ¿En las riquezas de este mundo?
Sé prudente y desiste. Las riquezas de este mundo son pasajeras. Luego de una generación ya no estarán en las manos de tus descendientes. Busca a Dios de todo tu corazón. Pon tu confianza en Él. Pon tu corazón en Jesús y Él te prosperará integralmente. Tus hijos seguirán tus pasos y tu descendencia seguirá los pasos de Jesús, porque has sido ejemplo para ellos.

Sigue a Jesús y tendrás a la mujer de tu juventud todos los días en esta tierra. Jehová te recogerá en tus últimos días rodeados de tus hijos, de los hijos de tus hijos, y de los hijos de los hijos de tus hijos, en paz y en abundancia. Ellos seguirán de generación en generación tu prosperidad y vivirán la vida que tú has vivido sobre la faz de la tierra: una vida de verdadera abundancia.

Sobre el autor

Si desea comunicarse con el autor o si este libro fue de gran ayuda y desea compartir su testimonio, puede escribirnos a la siguiente dirección:

GIOVANNI MERIZALDE
PO Box 667778
Miami, FL 33166
puchitito@yahoo.com